Doris Tropper
In Würde altern

Doris Tropper

In Würde altern

Pflege und Begleitung älterer Menschen

Patmos

Die Deutsche Bibliothek – CIP-Einheitsaufnahme

Tropper, Doris:
In Würde altern : Pflege und Begleitung älterer Menschen / Doris Tropper. –
Düsseldorf : Patmos-Verl., 2002
ISBN 3-491-72460-0

Umschlaggestaltung: Groothuis & Consorten, Hamburg
Satz: Typo Fröhlich, Düsseldorf
Druck und Bindung: Bercker GmbH, Kevelaer
ISBN 3-491-72441-1
www.patmos.de

Inhalt

7 Einleitung

13 Das Alter bringt körperliche und soziale Verluste

28 Verwirrtheit stiftet Unruhe und Unbehagen: Wenn die Bewältigung des Alltags zum Problem wird

33 Verbale Kommunikationsmethoden

49 Identität aus dem Erinnern: Erinnerungen zum Geschenk machen

53 Biografische Fragen und Merkmale

60 Kinder & Verwirrte: Wundersame Begegnungen in einer anderen Welt

69 Nonverbale Kommunikation: Die beruhigende Sprache der Berührung und Stimulation

80 Erinnerungsspuren über Musik, Gebete, Märchen und Düfte

85 „Ein alter Baum lässt sich nur schwer umpflanzen": Betreuung in den eigenen vier Wänden

95 Die Familie wird größer, weil Omi zu uns zieht: Gekonntes Krisenmanagement in schwierigen Situationen

112 Essen, was schmeckt, oder brauchen demente, alte Menschen eine spezielle „Diät"?

117 Die Bedeutung von Ritualen

121 Aus der Praxis: Viele kreative Beispiele für zu Hause und Altenpflegeheime

128 Zum Abschluss: 15 „Gebote" für Pflegende

130 Literaturhinweise

DU mußt das Leben nicht verstehen,
dann wird es werden wie ein Fest.
Und laß dir jeden Tag geschehen
so wie ein Kind im Weitergehen
von jedem Wehen
sich viele Blüten schenken läßt.

Sie aufzusammeln und zu sparen,
das kommt dem Kind nicht in den Sinn.
Es löst sie leise aus den Haaren,
drin sie so gern gefangen waren,
und hält den lieben jungen Jahren
nach neuen seine Hände hin.

Rainer Maria Rilke

Einleitung

Nehmen Sie ein Maßband aus Papier zur Hand und schneiden Sie es in folgender Länge ab: Männer bei 74 Zentimeter, Frauen bei 80 Zentimeter – das entspricht der durchschnittlichen Lebenserwartung eines Menschen. Je nachdem wie alt Sie sind, markieren Sie Ihre Jahreszahl mit einem roten Strich (z. B. wer 34 Jahre alt ist zum heutigen Zeitpunkt, der zieht bei 34 Zentimeter einen Strich). Suchen Sie sich nun eine ruhige Ecke, blicken Sie auf die Ihnen vielleicht noch verbleibende Lebenszeit und lassen Sie sich folgende Fragen durch den Kopf gehen:
Wie war mein bisheriges Leben?
Was habe ich gut gemacht?
Wie viele Verluste sind noch nicht aufgearbeitet?
Wer hat mich geliebt? Wer hat mich verletzt?
Wer hat mich verlassen?
Was fehlt mir?
Beenden Sie für sich folgende Satzanfänge:
Es ist für mich schon zu spät, um ...
Es ist der richtige Zeitpunkt, um ...
Ich brauche Zeit für ...

Es ist in keinem Alter leicht, sich seinen persönlichen Lebensthemen zu stellen. Erlittene Schicksalsschläge, unglückliche Kindheitserfahrungen, schwierige Lebensumstände, nicht bewältigte Krisen – nur allzu leicht werden so genannte negative Erlebnisse, die von elementarer Bedeutung sind und immer auch Auswirkungen auf unsere persönliche Entwicklung haben, verdrängt, einfach „unter den Teppich gekehrt". Doch am Ende eines Lebens holt jeden von uns die Vergangenheit wieder ein – unbarmherzig und gnadenlos. Während uns noch alle Zeit dieser Welt bleibt zu ergründen, WER wir WAREN, um besser begreifen zu können, WER wir SIND und später einmal SEIN WERDEN, erhalten alte Menschen keine zweite Chance, um „noch einmal von vorn zu beginnen" oder „alles ganz anders zu machen". In Ruhe und Gelassenheit auf sein gelebtes Leben zurückzublicken,

So ist das Altwerden:
am Morgen noch eine Knospe.

mit Humor und Dankbarkeit – warum gibt es so wenige „weise" alte Menschen, die das auch wirklich tun? Die Antwort darauf ist schnell gegeben: Jeder Alterungsprozess ist ein beständiges Abschiednehmen und Loslassenmüssen. Viele können jedoch die wachsenden körperlichen und sozialen Verluste, die das Alter unausweichlich mit sich bringt, nicht akzeptieren. Oft wurden wichtige Lebensaufgaben nicht wahrgenommen, Abnabelungen nicht zum richtigen Zeitpunkt vollzogen, und diese alten Menschen stehen dann am Ende ihres Lebens verzweifelt vor einem „Scherbenhaufen", sind unglücklich, aggressiv und traurig, ziehen sich in ein Schneckenhaus zurück und leben nur noch in ihrer eigenen Welt der Fantasie. Es sind zu viele Konflikte und Erlebnisse aus der Vergangenheit, die sie einfach nicht mehr zur Ruhe kommen lassen. Auch ist das Beziehungsnetz brüchig geworden. Familienmitglieder, Freunde und Verwandte sind schon längst verstorben. Einsamkeit und Isolation, Langeweile und Hilflosigkeit führen zu aggressivem Verhalten gegenüber der Umwelt und sich selbst.

Wenn sich die großen, altersbedingten Einbußen – nicht mehr gut sehen, hören und gehen können – einstellen, versuchen alte Menschen, ihr Gleichgewicht wiederherzustellen, indem sie sich durch Flucht aus der Realität in ihre Vergangenheit zurückerinnern. Mit ihrem „inneren Auge" sehen sie dann die Bilder aus der Kindheit und Jugend in kristallklarer Schärfe und erleben intensiv jahrzehntelang zurückliegende Erlebnisse. Das Heute und Jetzt wird ausgeblendet. Wenn psychogeriatrische Erkrankungen wie Alzheimer, Demenz und Depression dazukommen, häufig auch schwere chronische Leiden, oft langsam fortschreitend, dann werden Pflege und Begleitung immer schwieriger. Erst recht, wenn Familienmitglieder und Pflegepersonal nicht mehr „erkannt" und in ihnen stattdessen die längst verstorbene „Mama" oder der im Krieg gefallene Bruder gesehen werden.

Sehr alte Menschen kann man nicht zwingen, ihr Verhalten zu verändern. Man muss sie akzeptieren, wie sie sind, und mit viel Einfühlungsvermögen pflegen und begleiten – bei nötiger Distanz und innerer Abgrenzung. Mit diesem Buch werden verschiedenste Möglichkeiten und Methoden im Umgang mit verwirrten alten Menschen aufgezeigt. Ziel ist es,

- ein besseres Verständnis gegenüber so genannten „schwierigen alten Menschen" und ihren Aggressionen oder Rückzug in die innere Welt entstehen zu lassen;

Zu Mittag in voller Blüte.

- einfache, praktische Techniken aufzuzeigen, die dementen Menschen helfen, ihre Würde wiederherzustellen, anstatt ins Stadium der Interessenlosigkeit und des Vegetierens abzusinken;
- pflegenden Angehörigen und professionellen Mitarbeitern und Mitarbeiterinnen Hilfestellungen anzubieten, um mit den großen Belastungen leichter fertig zu werden, die eine Pflege und Begleitung alter, kranker Menschen mit sich bringt;
- Impulse, Anregungen und Ideen zu geben, welche kreativen Möglichkeiten sich z. B. durch gezielte Biografiearbeit („Erinnerungen zum Geschenk machen") eröffnen können;
- in vielen kurzen *Lebensgeschichten* verwirrter alter Menschen aktuelle Probleme aufzuzeigen und gleichzeitig Strategien zu entwickeln, die eine Hilfestellung oder Linderung bewirken.

Dieses Buch richtet sich in erster Linie an Angehörige, die ihre Großeltern oder Eltern begleiten oder pflegen und Tag für Tag, Nacht für Nacht mit schwierigen Situationen konfrontiert sind, denn was mit leichter Verwirrtheit beginnt, endet häufig als „schwerer" Alzheimer-Fall mit Bettnässen, Kotschmieren und Schreien. Aber auch professionelles Pflegepersonal in Altenheimen und geriatrischen Krankenhäusern findet brauchbare und vor allem erprobte Tipps, wie man den Patienten einerseits helfen kann, ihre Würde wiederherzustellen, andererseits aber die nötige Distanz und Abgrenzung bei größtmöglichem Einfühlungsvermögen findet.
Darüber hinaus soll dieses Buch auch zu einer sehr persönlichen Auseinandersetzung anregen, sich seinen eigenen Lebensverlusten und Alterungsprozessen zu stellen. Jeder Tag, der zu Ende geht, bringt jeden von uns unwiderruflich ein Stück dem Alter, dem endgültigen Abschiednehmen und Loslassenmüssen näher. Damit das eigene Alter als lebens- und liebenswert erlebt werden kann, müssen ab der Lebensmitte Verhaltensänderungen eingeübt werden. Wir selbst entscheiden schon zwischen dem 40. und 50. Geburtstag, ob wir später im Alter vereinsamen oder viele Freunde haben, ob wir beweglich und im Geist jung bleiben oder in den eigenen vier Wänden vor dem TV-Gerät abstumpfen. Das bedeutet kritischen Umgang mit uns selbst und Betrachtung des eigenen bisherigen Lebensbogens. Alles, was wir unerledigt, unausgesprochen, unbetrauert und unbearbeitet mit uns herumschleppen, verursacht nicht nur häufig unsere Schlafstörungen, sondern wird uns einmal im Alter besonders belasten. So wie die Rosen im Garten regelmäßig ausgeschnitten und die alten Triebe ent

Am Abend des Lebens abgeblüht, die Emotionen in Eis eingeschlossen.

fernt werden müssen, damit sie wieder üppiger blühen, müssen auch wir so manchen „Wassertrieb" unseres Lebens beizeiten entfernen – auch wenn dies schmerzhaft ist –, damit wir uns wieder verjüngen und unsere zweite Lebenshälfte auf ein starkes Wurzelwerk aufbauen können, in dem der Schatz des Alters und die Weisheit vergraben liegen.

Das Alter bringt körperliche und soziale Verluste

Der Traum vom „ewigen Leben" in bester Gesundheit ist trotz großer Fortschritte in der Medizin noch immer eine Illusion. Die Lebenserwartung der Menschen steigt zwar von Jahr zu Jahr, aber damit gehen Hand in Hand auch ein erhöhter Pflegebedarf und in vielen Fällen ein langer Leidensweg. Im hohen Alter seinen Lebensabend in den eigenen vier Wänden in Selbstständigkeit und Unabhängigkeit zu verbringen ist nicht immer möglich. Spätestens nach dem Oberschenkelhalsbruch bei einem Sturz auf dem eisglatten Bürgersteig oder über die Treppen im Stiegenhaus stellt sich die Frage nach dem Altenpflegeheim. Zwar besagt eine alte Lebensweisheit, dass man „alte Bäume nicht umpflanzen" darf, doch alte Menschen müssen ihre ihnen oft seit Jahrzehnten vertraute, lieb gewonnene Umgebung aufgeben und sich in einer völlig neuen, ihnen fremden Welt zurechtfinden. Alle noch so freundlichen Bemühungen des Pflegepersonals können nicht darüber hinwegtäuschen, dass sich der alte Mensch entwurzelt fühlt, abgeschnitten von seiner vertrauten Welt, einsam und isoliert.

Die Folge ist *Heimweh*. Wie ein kleines Kind, das seine Ferien in irgendeinem Heim in den Bergen verbringen muss und jeden Morgen auf einem tränennassen Polster aufwacht, weil es nichts auf der Welt mehr vermisst als sein Zuhause, sehnen sich auch die alten Menschen nach ihrer „Heimat". Die meisten Einschlafängste der Vier- und Fünfjährigen erklären sich aus der Tatsache, dass Kinder vor dem Einschlafen alles bei Tag in Gedanken oder Handlungen begangene „Unrecht" überdenken und sich so ein „schlechtes Gewissen" meldet, teils als Angst vor der Kritik der Eltern, aber auch in fantastischen Strafvorstellungen der verschiedensten Art. Drohende Angstfiguren dieser Art sind Polizisten, durch die das Kind verhaftet wird, Zigeuner und Einbrecher, die es stehlen, Rauchfangkehrer und Kohlenmänner, die es in ihre Säcke stecken können. Löwen und Tiger erscheinen als Angsttiere, um das Kind aufzufressen. Naturerscheinungen wie Blitz, Donner und Erdbeben bedrohen das Haus mit Einsturz. Religiös er-

zogene Kinder knüpfen ihre Strafvorstellungen an die von der Religion gebotenen Symbole wie Hölle, Teufel und Weltuntergang oder entwickeln Angst bei der Vorstellung eines allsehenden Gottvaters, der sie bei ihrem Tun beobachtet. Die letztgenannte Angst verschiebt sich bei nicht religiös erzogenen Kindern häufig auf den Mond, der zum Fenster „hereinlacht" und sie bedroht.
Diese Ängste beziehen sich auf psychoanalytische Studien zu den Themen „Kriegskinder", „Anstaltskinder" und „Gemeinschaftsleben im frühen Kindesalter" , die vor mehr als fünf Jahrzehnten von den prominenten Wissenschaftlerinnen Anna Freud und Dorothy Burlingham gemacht wurden. Sie schildern die Wirkungen von Heimatlosigkeit und Trennung auf die seelische Entwicklung des Kindes in seinen ersten Lebensjahren. Nachtdiensthabendes Pflegepersonal und betroffene Angehörige kennen jedoch alle diese Ängste nur zu gut. Diese Erlebnismuster lassen sich auch auf die letzten Lebensjahre eines Menschen übertragen. Alte Menschen erleben in ihrer inneren Bilderwelt Ähnliches, fühlen sich häufig bedroht, haben die gleichen Einschlafängste wie kleine Kinder und reagieren tagsüber oft mit Trotz und Ablehnung.
Während sich jedoch Kinder, die durch Krieg, Konzentrationslager oder Unfälle ihre Eltern und ihr Zuhause verloren hatten, nach einer Phase der Geduld und liebevollen Zuwendung in ihrer neuen Umwelt eingewöhnten, gelingt dies sehr alten Menschen kaum noch. Im Alter geht die Fähigkeit, flexibel neue Bindungen zu knüpfen und Beziehungen aufzubauen, fast zur Gänze verloren.

Wenn unbewältigte Lebenskrisen und Lebensaufgaben belasten
Die Entwicklung der Persönlichkeit eines Menschen ist nicht von heute auf morgen abgeschlossen, sondern vollzieht sich kontinuierlich von der Geburt bis zum Tod. Am besten eignet sich das Bild einer Leiter zur Beschreibung diesen lebenslangen Prozesses. Jede Stunde birgt eine neue Erfahrung in sich, und wir müssen Sprosse um Sprosse erklimmen. Die erste Stufe kennen wir – sie begann mit unserer Geburt. Wann und wie die letzte sein wird, das weiß keiner von uns. Während wir unaufhaltsam unsere Lebenssprossen absolvieren – einem unbekannten Ziel entgegen –, müssen wir Krisen und Übergänge meistern. Das kleine Kind hat andere Aufgaben zu lösen als der pubertierende Jugendliche, die junge Berufstätige steht wiederum auf einer anderen Stufe als der Familienvater mit drei Kindern. Eine günstige Lösung jeder Krise bewirkt das Erwerben von Grundhaltungen

wie Vertrauen, Leistungsbereitschaft, Treue, Liebe, Fürsorge und Weisheit. Entlang des Lebensweges auf der Reise nach oben kommt es aber immer wieder vor, dass einzelne Stufen übersprungen werden. Ereignisse wie Verluste und Trennungen werfen uns wieder zurück; nicht vollzogene Abschiede lassen uns über so manche Sprossen stolpern. Jede Krise birgt aber auch immer wieder die Chance, unser Leben neu zu betrachten, es neu zu ordnen und zu einem späteren Zeitpunkt „übersprungene" Lebensstufen nachzuholen. Für den 90-jährigen Greis im Rollstuhl ist es jedoch zu spät, nicht bewältigte Problemstellungen aus seiner Vergangenheit zu lösen!
Am Beispiel der Lebensgeschichte des 90-jährigen Herrn B. lassen sich die einzelnen Entwicklungsstufen gut ablesen. Jedes Lebensalter bringt bestimmte Aufgaben und hat seine eigenen Krisen.

1. Stufe: *frühkindliches Alter*. Die Aufgabe besteht darin, Vertrauen zu lernen. Misslingt diese Aufgabe, dann bleibt zeitlebens der bittere Nachgeschmack des „Nicht-geliebt-Werdens".

Herr B. wurde als uneheliches Kind geboren. Seinen Vater wird er nie kennen lernen. Die Mutter war Dienstmagd auf dem Lande und musste von morgens bis abends schwer arbeiten. Um das Baby konnte sie sich kaum kümmern. Eine alte Frau, die schon zu schwach zum Arbeiten war, versorgte dieses und noch andere Kinder der Dienstboten. Herr B. erhielt wenig Zuwendung und kaum Liebe.

2. Stufe: *Kindheit*. Die Aufgabe besteht im Befolgen von Regeln und im Erlernen der Selbstkontrolle. Misslingt diese Aufgabe, so begleiten Scham, Schuldgefühle und Selbstvorwürfe diese Menschen.

Herr B. hatte eine schwere Kindheit. Wenig zu essen und viele Schläge. Kaum sechs Jahre alt, musste er schon fleißig am großen Gutshof mitarbeiten. In der Früh und am Abend in den Stallungen, tagsüber auf den Feldern. Kinderspiele und Abenteuer beim Erforschen der Umwelt blieben für ihn undenkbarer Luxus. In dieser Zeit war Herr B. oft krank, jeden Winter quälten ihn lange Zeit Husten und Fieber. Als er sechs Jahre alt war, starb plötzlich seine Mutter an Tuberkulose. Von nun an ist der Junge ganz auf sich allein gestellt.

3. Stufe: *Adoleszenz*. Die Aufgabe für den jungen Mann besteht nun darin, seine eigene Identität zu finden. Dabei steht die Abnabelung von den Eltern im Vordergrund. Unsicherheit, unklares Rollenverhalten bleiben, wenn diese Aufgabe misslingt. „Ich bin nur jemand, wenn ich geliebt werde."

Für Herrn B. waren keine Eltern mehr da, von denen er sich hätte abnabeln können. Seine Wut und sein Zorn richteten sich daher in voller Stärke gegen den Gutsbesitzer. Kaum 16 Jahre alt geworden, zündete er eine Scheune an. Das Feuer vernichtete einen Großteil der Ernte. Herr B. wurde mit Schlägen, Schimpf und Schande vom Hof gejagt. Völlig mittellos und ohne verwandtschaftliche Bindungen zigeunerte er durch die Lande. In der Großstadt nahm ihn ein Schustermeister als Lehrburschen auf. Doch auch in diesem Hause herrschte ein strenges Regiment. Geld gab es keines, wohl aber eine karge Kost und Logis. Der Schuster trank gern und häufig Bier – wenn er betrunken war, schlug er den jugendlichen Knaben mit einem Rohrstock. Mit 18 Jahren ging er, ohne einen Beruf erlernt zu haben, aus dieser Stadt fort und verdingte sich als Gelegenheitsarbeiter.

4. Stufe: *Erwachsenenalter*. Bei diesem Entwicklungsprozess geht es darum, Intimität zu lernen und Verantwortung für die eigenen Gefühle, Erfolge, aber auch Misserfolge zu übernehmen. Isolation und Abhängigkeit sind die vorherrschenden Gefühle bei Misslingen dieser Aufgaben.

Herr B. reiste durch die Lande und verdiente sich Nahrung, Kleidung und ein bescheidenes Salär durch alle möglichen Tätigkeiten. So arbeitete er als Holzfäller in den Wäldern eines Klosters, dann wieder als Bote für ein großes Haushaltswarengeschäft. Nirgends blieb er länger als fünf bis sieben Wochen. Auch seine Beziehungen zu Frauen waren immer nur kurz, er war nicht bereit, Verantwortung zu übernehmen und sesshaft zu werden. Der Krieg kam ihm dabei wie gerufen: Er meldete sich als einer der ersten freiwillig zum Einsatz an der Front. Jahrelang zog er von einem Schlachtfeld zum anderen. Nach einem Bombenangriff auf sein Quartier erlebte er das Kriegsende schwer verletzt in einem Feldlazarett. Dort lernte er eine junge Krankenschwester kennen. Die beiden heirateten in den schwierigen Nachkriegsjahren. Sie wohnten zur Untermiete in einem winzigen Zimmer, bis Herr B. eine Anstellung als Arbeiter in einem Industrieunternehmen erhielt. Der Betrieb konnte jede Arbeitskraft gut gebrauchen. Erst mit den Jahren zog ein bescheidener Wohlstand ein, und die beiden bauten sich unter größten Entbehrungen ein kleines Häuschen im Grünen. Die Ehe blieb kinderlos.

5. Stufe: *Lebensmitte*. Hier geht es verstärkt darum, neue Aktivitäten zu entwickeln, wenn die alten Rollen überholt sind. Bei Misslingen dieser Aufgaben sind Stagnation und das Festhalten an überholten Rollen die Folge.

Mit 50 Jahren erkrankte die Frau an einem Kopftumor und starb innerhalb weniger Monate. Dieser Schicksalsschlag traf den wesentlich älteren Ehegatten unerwartet wie ein Blitz aus heiterem Himmel. Damit hatte er nicht gerechnet. Herr B. zog sich verbittert immer mehr zurück. Zu Nachbarn oder Arbeitskollegen unterhielt er keinerlei Kontakte mehr. Er sprach auch immer mehr dem Alkohol zu. Aus diesem Grund wurde er in die Frührente geschickt. Er ließ das Grundstück und das Haus verwahrlosen. Die Nachbarn beschwerten sich immer wieder über Ratten und üblen Geruch. Als ein Mitarbeiter der Sozialbehörde einen Hausbesuch unternahm, fand er im Haus Stapel alter Zeitungen, leere Konservendosen und Unrat. Herr B. wurde verwarnt. Wenige Monate später erstatteten die Nachbarn eine Anzeige: Herr B. hätte ihrem Mischlingshund vergiftetes Fressen gegeben. Diese Tierquälerei konnte ihm ebenso wenig nachgewiesen werden wie die Brandstiftung an einer alten Holzhütte am anderen Ende seines Grundstückes. Da Herr B. sich sehr aggressiv verhielt, wurde er in die Nervenheilanstalt eingewiesen. Von dort kam er direkt in das städtische Altenpflegeheim.

6. Stufe: *Alter*. Die letzte Aufgabe sollte sein, in Dankbarkeit und Freude über das eigene Leben zu resümieren und innere Stärke, aber auch Integrität gefunden zu haben. Ist dies nicht mehr möglich, so bleibt nur noch die Verzweiflung und der Gedanke: „Ich könnte ebenso gut tot sein!"

Heute ist Herr B. 90 Jahre alt, seit einem Jahrzehnt im Altenpflegeheim und seit einem Oberschenkelhalsbruch auf den Rollstuhl angewiesen. Seit seinem ersten Tag im Heim hortet er Lebensmittel in seinem Nachtkästchen. Als er sich noch frei bewegen konnte, legte er sich im Gartenhäuschen einen regelrechten Vorrat unter der Bank an. Zum weiblichen Pflegepersonal war er sehr zudringlich, häufig aber auch aggressiv. Als er sich noch fortbewegen konnte, lief er unermüdlich die Gänge auf und ab – Herr B. war auf der Suche. In der Nacht wachte er häufig auf und schrie aufgeregt nach der Schwester: „In meinem Bett brennt es, Hilfe! Hilfe!" Jetzt, da er sich nicht mehr fortbewegen kann, trommelt Herr B. mit seinen Fäusten unentwegt auf die Lehne des Rollstuhls. Er spricht nicht mehr, nur manchmal entweichen seinem Mund undefinierbare Laute. Herr B. lässt sich nicht waschen und ist inkontinent. Auf jede Form von Berührung reagiert er mit einem schnurrenden Ton und wirkt dann ruhig und entspannt. Hört das Streicheln auf, wird er unruhig und beginnt wieder mit seinen Fäusten auf die Lehne zu schlagen. Herr B. hat keine Familienangehörigen mehr. Einmal in der Woche besucht ihn eine Dame vom ehrenamtlichen Besuchsdienst.

Die Säulen der Identität sind zerbrochen

Alt, krank und hilflos zu werden bedeutet aber auch immer den Verlust innerer und äußerer Werte. Das „Fundament" mit den tragenden Säulen unseres Daseins wird bestimmt durch:

- die Funktionalität unseres Körpers;
- das soziale Netzwerk, von dem wir getragen werden;
- Arbeit und Leistung;
- materielle Sicherheit;
- Werte und die Religion.

Im Alter, durch schwere Krankheit, Arbeitslosigkeit oder einfach nur das Gefühl, nicht mehr gebraucht zu werden, verkümmern diese Stützpfeiler völlig oder zerbrechen überhaupt. Wenn die „Grundfeste" eines alten Menschen erschüttert werden, dann klammert er sich besonders stark an „seine" Erinnerungen und füllt die schon brüchig gewordenen Säulen seiner Identität mit Bildern aus der Vergangenheit, mit Geschichten und Übertreibungen, manchmal auch mit Wut und Zorn und Hass auf alles Lebendige auf. Nicht selten auch durch Schweigen und inneren Rückzug.

Das Wissen um diese *Säulen der Identität* ist für die Begleitung und Pflege kranker alter Menschen von elementarer Bedeutung. Unsere Einstellung und Haltung gegenüber den alten Menschen sollte auf der Achtung und Wahrung der psychosozialen Grundwerte menschlichen Zusammenlebens basieren und diese Wertschätzung bedeutet:

- Selbstbestimmung einer Person;
- Achtung und Wahrung der Würde dieses Menschen;
- Förderung der seelischen und körperlichen Funktionsfähigkeit;
- soziale Ordnung.

Basis dafür sind Wertschätzung und Anerkennung eines Menschen, auch wenn er alt und verwirrt ist.

Gefangen im Sterbe-Trauer-Prozess

Wie Perlen an einer langen Kette reihen sich alle großen und kleinen Trauererlebnisse des Lebens aneinander. Wer auf ein langes und bewegtes Leben zurückblicken kann, hat für gewöhnlich auch viele Verluste erlitten:

- Die erste Begegnung mit Tod und Sterben fand meist in der Kriegszeit statt;
- Haus, Hof und Gut kann ein Raub der Flammen geworden sein;
- Vertreibung, Angst und Heimatlosigkeit als jahrelang prägendes Hauptgefühl;

- Eltern und Großeltern, Geschwister und häufig auch die eigenen Kinder mussten bereits zu Grabe getragen werden;
- Hoffnungen und Wünsche, Träume und Ideen konnten nicht (mehr) in die Wirklichkeit umgesetzt werden;
- Der letzte Wunsch, in Selbstständigkeit den Lebensabend noch zu genießen – ohne Krankheiten und Leiden –, erfüllte sich nicht.

Gefangen in einem Gefühlsrad befinden sich auch alle jene Menschen, die sich auf den Weg machen, ihr Leben langsam und schrittweise zu beenden. Diese letzte große Aufgabe im Leben eines jeden von uns bringt jedoch verschiedenste Gefühlsregungen mit sich, wie sie in jedem Sterbeprozess zu finden sind:

- *Nicht-wahrhaben-Wollen*, dass der Abschied naht;
- *Auflehnung*, Wut, Zorn, manchmal auch Hass;
- *Verhandeln* mit Gott und der Welt;
- *Depression* – ein „schwarzes Loch", das in die tiefe Traurigkeit führt;
- Der Zustand der *Annahme*, des Loslassenkönnens als letzter Lebensabschnitt vor dem Tod wird nicht immer erreicht.

Die Phase des *Nicht-wahrhaben-Wollens* ist geprägt von einer ablehnenden Verhaltensweise auch jenen Menschen gegenüber, die der alte und verwirrte Mensch eigentlich im Grunde seines Herzens liebt. Körperliche Einbußen und seelische „Gleichgewichtsstörungen" werden verdrängt und verleugnet. Unter dem Motto „Was nicht sein darf, kann auch nicht sein" flüchten alte Menschen häufig in eine Welt, die sie sich selbst zurechtbasteln, die allerdings nicht mehr der Realität entspricht. Auch das Davonlaufen vor den großen Problemen des Alterns kann nicht mehr stattfinden, weil die Beine schon lahm und die Körper müde geworden sind. Es ist eine Hilflosigkeit, die sprachlos und ohnmächtig macht und oft auch in die direkte Erstarrung führt.

Typische Merkmale sind:

- *Verdrängen und Leugnen;*
- *Stimmungslabilität, launenhaftes Verhalten;*

Für die Begleitung in dieser Phase ist wesentlich:

- *gut zuhören und abwarten können;*
- *niemals widersprechen oder darauf hinweisen, dass es ja tatsächlich ganz anders sei;*
- *einfach da sein und Widersprüchlichkeiten der Lebensgeschichte hinnehmen;*

- *Stimmungsschwankungen wahrnehmen und aushalten, aber nicht persönlich nehmen;*
- *immer wieder Bereitschaft zum Gespräch signalisieren.*

Besonders schwierig ist die Phase der *Auflehnung* zu ertragen. Wenn die *Emotionen aufbrechen* und sich ähnlich wie bei einem Vulkanausbruch ihren Weg über die tiefsten innersten Schleusen nach außen bahnen, dann kommt es immer zu heftigen Beschimpfungen und Beschuldigungen. Wut und Zorn über das „ungelebte Leben", Schmerz und Trauer, weil nun alles bald zu Ende sein soll, das ist nur schwer zu ertragen. Auch die jahrzehntelang nur nach innen geweinten Tränen, die stille, lautlose Trauer über viele Lebensverluste – all das muss noch einmal herausgelassen werden, damit ein innerer Frieden, Ruhe und Gelassenheit eintreten können. Streitereien in Familien, die oft jahrzehnteweit zurückliegen und von denen niemand heute mehr genau weiß, welche Ursache ihnen zugrunde liegt, können in dieser Phase zur Belastung für den alten Menschen werden. Sie oder er möchten oder besser noch müssen etwas in Ordnung bringen, sich noch einmal versöhnen oder ausschimpfen können.
Typische Merkmale sind:
- *Zorn und Wut;*
- *Hassgefühle;*
- *Nörgeln, Schimpfen, Kritisieren;*
- *einen Schuldigen suchen;*
- *Selbstanklage und Gejammer.*

Für die Begleitung in dieser Phase ist wesentlich:
- *sich von den Beschimpfungen und dem aggressiven Verhalten des alten Menschen abzugrenzen (es ist sein, nicht mein Leben!) und sich daher nicht für seine Emotionen verantwortlich fühlen;*
- *Verständnis, Nähe und Zuneigung signalisieren – trotz des Hasses und der Wut;*
- *Zuhören und letzte Wünsche wahrnehmen;*
- *wenn es möglich ist, noch Begegnungen und Versöhnungsmöglichkeiten herbeiführen;*
- *Flüche und Zornausbrüche nicht verurteilen oder bewerten;*
- *alle Worte ernst nehmen, sich aber dafür nicht verantwortlich fühlen!*

In der Zeit des *Verhandelns* mit Gott und der Welt erklären sich alte Menschen zu sehr vielem bereit – als Gegenleistung erwarten sie meist eine Verlängerung ihres Lebens. Dahinter verbirgt sich der starke Wunsch, das vergangene Leben noch einmal in die eigene Hand zu nehmen, von vorn zu beginnen und alles oder zumindest vieles „besser zu machen". Dabei quälen schmerzlich die Erinnerungen aus der Vergangenheit, wenn dieses gelebte Leben noch einmal vor dem „inneren Auge" des Menschen vorbeizieht mit all seinen Sonnen-, aber auch Schattenseiten.

Typische Merkmale sind:
- *Hoffnungen und Wunschgedanken;*
- *aktives Verhalten.*

Für die Begleitung in dieser Phase ist wesentlich:
- *sensibel sein für die feinen Nuancierungen in der Stimmungslage des Patienten: positive Erinnerungen unterstützen, ohne unrealistische Hoffnungen zu wecken, und negative Stimmungslagen heben, ohne etwas vorzutäuschen;*
- *mit der eigenen „objektiven" Wahrheit zurückhaltend sein und den alten Menschen mit seinem tatsächlichen Ist-Zustand nicht überfordern;*
- *neutraler Zuhörer sein und nichts bewerten, ausreden oder gar verurteilen!*
- *Verhandlungsstrategien ohne Bewertung zur Kenntnis nehmen und Unterstützung anbieten, wo dies möglich ist.*

In die Phase der *Depression* kommt jeder alte Patient nicht nur im Laufe seines Sterbe-Trauer-Prozesses. Das düstere Bilder der „Altersdepression", wie sie im Volksmund bezeichnet wird, taucht auch in der Gerontologie auf, wobei zwischen depressionsbedingter „Pseudodemenz" und organisch bedingter „echter Demenz" unterschieden werden muss. Die Zustandsbilder gleichen jedoch einander: Veränderung der Persönlichkeit, Antriebslosigkeit, häufiges Müdesein und Schlafen, aber auch Störungen des sozialen Verhaltens. Es handelt sich dabei immer um eine tiefe Traurigkeit und Niedergeschlagenheit auf alle vergangenen Verluste, ungelebten Möglichkeiten, Versäumnisse und Unterlassungen. Menschen entziehen sich in diesem Zustand oft zur Gänze der Realität und flüchten in früheste Kindheitserinnerungen. Es macht traurig, die eigenen Verluste mit jedem Schritt und jedem Gedanken zu spüren. Die Angst vor dem, was noch kommen wird, überwältigt alte Menschen, lässt sie in den langen Nächten ihrer Einsamkeit nicht mehr zur Ruhe kommen. Unerfüllte Wünsche und längst begrabene Hoffnungen belasten zunehmend.
Typische Merkmale sind:

- *häufige Tränen und Gefühle der Trauer;*
- *Rückzug und depressives Verhalten;*
- *Erstarrung, Angst;*
- *die Frage, ob denn das Leben überhaupt einen Sinn gehabt hat;*
- *Lebensbilanz.*

Für die Begleitung in dieser Phase ist wesentlich:

- *keine oberflächlichen Versuche der Ablenkung und Vertröstung;*
- *ein offenes Ohr für alle Sorgen und Ängste haben, Tränen zulassen;*
- *Ruhe und Geduld;*
- *keine Wertung der Lebensbilanz eines Menschen;*
- *verständnisvolle Hilfestellung bei der Erledigung ungelöster Probleme;*
- *den Rückzug akzeptieren und die eigene Trauer darüber aushalten können;*
- *Körperkontakt: Hand halten, Wangen und Kopf streicheln – wenn eine Vertrauensbasis gegeben ist und der alte Mensch sich dies wünscht;*
- *sanfte, streichelnde Berührungen.*

In diesem letzten Lebensabschnitt sollten sich nach der turbulenten Zeit der Beschuldigungen, der tiefen Traurigkeit und Depression allmählich Ruhe, Gelassenheit und *Annahme* einstellen. Meistens ist die Zeit geprägt von einem physischen und psychischen Erschöpfungszustand als Folge der verschiedensten Kämpfe, die während der vorangegangenen Phasen geführt wurden. Manchmal ist es auch schlichtweg Resignation, da der alte Mensch instinktiv spürt, dass alle Hoffnungen und Wünsche sich nun nicht mehr erfüllen werden.

Typische Merkmale sind:

- *Erschöpfung und Gelöstheit;*
- *große Sensibilität.*

Für die Begleitung in dieser Phase ist wesentlich:

- *Da-Sein und Mit-Sein;*
- *das Loslösen von allen sozialen Kontakten und den Rückzug des sterbenden, alten Menschen akzeptieren;*
- *auf letzte Wünsche (z. B. Priester) eingehen;*
- *Einbeziehen der wichtigsten Bezugspersonen (Familienangehörige, Freunde, Pflegepersonal);*
- *Körperkontakt ermöglichen, Hand halten, Berührungen zulassen.*

Dieser *Sterbe-Trauer-Prozess* verläuft jedoch nicht linear, sondern ist als langer und weiter Weg durch innere und äußere Landschaften zu verstehen. Auch das Ziel, die Annahme, ist nicht einfach zu erreichen, sondern nur über viele Umwege und Sackgassen. Ängste begleiten den Menschen auf diesem Weg einem noch unbekannten Schicksal entgegen. Seine letzte Lebensaufgabe noch erfüllen zu müssen, diese Anforderung lastet schwer auf den Schultern. Es ist ein ewiges Nach-vorne-Blicken und dann wieder Zurückfallen.

Eine Frau, die vor Jahrzehnten ihr Baby verloren hat, und ein Mann, der durch den Krieg sein normales Leben und seine Heimat aufgeben musste, sie beide durchleben am Ende ihres Lebens noch einmal diese schmerzlichen Gefühle aus der Vergangenheit. Je nachdem um welchen Menschen es sich handelt und wie er sein bisheriges Leben gestaltete, stürzen die einen in die tiefe *Depression*, andere *kapseln sich* total von der Außenwelt *ab*, dritte wiederum werden *aggressiv*. Aber auch andere Verhaltensweisen können auftreten: z. B. *ichbezogenes Verhalten* – dann müssen Angehörige oder Pflegepersonal unentwegt ausschließlich die Wünsche und Bedürfnisse des Patienten erfüllen; er will bedingungslos im Mittelpunkt stehen. Es kann aber auch vorkommen, dass der alte Mensch in seiner Trauer ohne erkennbaren äußeren Grund plötzlich auf eine niedere Entwicklungsstufe zurückfällt. In dieser *Regression* werden Patienten hilfsbedürftig wie kleine Kinder, wollen nicht mehr selbstständig essen und trinken, lassen keine Körperpflege zu oder werden inkontinent. Manchen Menschen bleibt am Ende ihres Lebens oder in ausweglos erscheinenden Trauersituationen nichts anderes mehr als die *Projektion*, die Problemübertragung auf andere Personen – Pflegepersonal wie engste Familienangehörige. Sie sind nicht mehr in der Lage, über ihre eigenen Probleme und die damit verbundenen Gefühle zu sprechen. Die eigenen bedrückenden Ängste und die Unfähigkeit, seine innersten Tränen herauszulassen, werden dann auf andere Personen projiziert. Dieses Verhalten ist wie ein einziger Hilfeschrei zu verstehen und ein heftiger Appell mit der Aufforderung, diesem Menschen zu helfen.

Im Umgang mit alten und verwirrten Menschen muss jedoch noch ein weiteres, wichtiges „Verhaltensmuster" aufgezeigt werden: das SUCHEN, um sich trennen zu können. Wer etwas verliert, der wird danach suchen. Jeder Trauernde durchlebt eine intensive Phase des Suchens nach jedem Verlust, jedem Verstorbenen im Laufe seines Lebens. Nicht nur die konkrete Person wird gesucht, sondern es wird bei Freunden und Bekannten, ja sogar bei völlig fremden Menschen nach Ähnlichkeiten im Verhalten, im Äußeren, in den Einstellungen gesucht. Es ist dies der oft verzweifelte letzte Versuch, die immer blasser werdenden Erinnerungen an einen geliebten Menschen oder ein wichtiges Objekt „hinüberzuretten" in die Gegenwart. Es ist die

Sehnsucht, noch einmal die Vergangenheit lebendig zu machen, um eine Begegnung zu erleben.
In jedem gesunden Trauerprozess kommt es daher zu einer Zeit der intensiven Träume über diesen Menschen und Fantastereien, die Person gesehen zu haben. Auch lautes Sprechen mit einem Verstorbenen gehört dazu. Der nächste Schritt im normalen Trauerverhalten wäre, sich von der Person des Verstorbenen und eben auch von den Dingen, die man gefunden hat, zu verabschieden, sich zu trennen. Damit geht die Erkenntnis einher, dass sie Teil einer Vergangenheit sind und bleiben müssen. Diesen Schritt können viele Menschen nicht vollziehen. In der Aufarbeitungsphase vor dem Sterben bleiben sie gleichsam immer wieder in diesem Prozess stecken, sind ewig Suchende, die umherirren, die in ihrer Gedanken- und Fantasiewelt keinen Platz für eine Neugestaltung der Welt und des eigenen Lebens lassen. Erinnerungen an den Verstorbenen und an die gemeinsame Zeit können sich dann nicht bereichernd in das neu zu gestaltende Leben einfügen, sondern bleiben dominant und bestimmend. Alte Konflikte, ungelöste Probleme und auftretende Schuldgefühle können nicht bearbeitet, sondern nur konserviert werden. Damit sind die Toten nicht tot, sondern entwickeln sich zu einer schweren Last. Sie werden auch nicht mehr zu einem inneren Begleiter, mit dem man sich ausgesöhnt hat und in Frieden leben kann, sondern meist noch mit alten Gefühlen beladen. Die Folge sind chronische Trauerprozesse, das heißt, das Trauerverhalten wird endlos fortgesetzt. Weil der trauernde Mensch es nicht mehr zulassen kann, dass es zu einer intensiven, auch kritischen Auseinandersetzung kommt, werden tote Menschen immer nur idealisiert, was wiederum – wie in einem ständigen Kreislauf – zu den unterschiedlichsten Gefühlen wie Depression, Aggression, Regression, ichbezogenes Verhalten etc. führt.
Für die Begleitung in dieser Phase ist wesentlich:

- *akzeptieren, dass immer wieder in verschiedensten Formen „gesucht" wird;*
- *Geduld;*
- *alle Erlebnisse aus der Vergangenheit dürfen angesprochen werden – keine Zensur oder Bewertung vornehmen!*
- *Fantasien zulassen, die den Tod des Verstorbenen bezweifeln, ohne selbst mitzufantasieren;*
- *kein Drängen auf Akzeptieren des Verlustes.*

Das ganze Leben ist ein steiniger Weg.

Der alte Mensch auf der Suche nach einem Sinn in seinem Leben

Auch die Frage, ob denn dieses gelebte Leben überhaupt einen Sinn gehabt hat, spielt bei den immer wiederkehrenden Phasen und ablaufenden Prozessen eine große Rolle für den verwirrten Menschen. Wodurch findet man überhaupt den Sinn des Lebens?

Einmal kann jedes Leben dadurch einen Sinn erhalten, dass ein Werk geschaffen oder eine Tat gesetzt wurde. Dabei geht es nicht um große Werke und Taten, sondern um die individuellen Möglichkeiten, die in einem persönlichen Gestalten und Tun liegen. Das kann ein kleiner Garten sein, den ein alter Mensch mühsam über Jahre hindurch in eine blühende Oase verwandelt hat; es kann sich aber auch um den Beruf handeln, der jahrzehntelang ausgeübt wurde und der materielle Sicherheit und ein soziales Eingebundensein bedeutete. Gerade die Generation des Wiederaufbaues, die so Großartiges aus den Trümmerfeldern nach dem Zweiten Weltkrieg entstehen ließ und die oft unter großen persönlichen Entbehrungen „etwas Eigenes geschaffen hat", hängt sehr an solchen Werken und sieht darin ihre persönliche „Sinnerfüllung durch das Werk".

Aber auch das Erleben von Situationen und Gegenständen, die Zuwendung einem Menschen gegenüber und das Bemühen, ihn in seiner Einmaligkeit und Einzigartigkeit zu begegnen, kann sinngebend sein. Im Dienst an einer Sache oder in der Liebe zu einer Person kann man sich selbst verwirklichen und dem Leben einen Sinn geben. Nach dieser „Sinnerfüllung durch Liebe" sehnen sich viele alte Menschen in ihrer Einsamkeit und Isolation. Wenn die liebsten Partner/-innen schon lange verstorben sind und nichts mehr da ist, worum es sich lohnt zu kämpfen, dann erscheint vielen auch ihr Leben als leer und sinnlos.

Der alte Mensch auf der Suche nach dem Sinn seines Lebens – Hinweise für die Begleitung:

- Respekt vor der Einzigartigkeit jedes Lebens;
- jeder Mensch hat seine eigenen Sinndeutungen – auch wenn er verwirrt ist;
- Sinn kann nicht verordnet und gegeben werden, er muss vom Menschen selbst in seinem Leben und aus seinem Tun entdeckt und gefunden werden;
- die Auseinandersetzung mit den erlebten Schattenseiten des Lebens zulassen, nicht „wegreden";
- keine Wertungen oder Korrekturen vornehmen;
- auch keine eigenen Interpretationen anbringen;
- Anteilnahme und Interesse bekunden, ohne in die Sinnfindung aktiv einzugreifen;
- Wertschätzung zeigen;
- Anerkennung und Bewunderung zum Ausdruck bringen;
- Tränen und alle negativen Emotionen wie Wut, Zorn, Hass und Schuldgefühle zulassen;
- Abgrenzung und Wahrung der nötigen Distanz;
- dableiben, Mut machen, ausharren.

Beispiel für die *Sinnfindung durch ein Werk:*
Der alte Hausbesorger
Familie V. besteht aus einem Ehepaar und zwei noch kleinen Kindern. Die Eltern übernehmen die Hausbesorgerstelle für vier große Wohnblöcke. Das junge Ehepaar ist innerhalb kürzester Zeit sehr beliebt bei den vorwiegend älteren Menschen in der Siedlung. Sie pflegen die Grünflächen besonders liebevoll, pflanzen neue Rosenstöcke an und gehen den Bewohnern gern zur Hand, wenn diese einmal nicht selbst einkaufen gehen wollen. Die kleinen Kinder werden von den alten Menschen geradezu verwöhnt mit Spielzeug und Süßigkeiten.

Eines Tages bemerkt der junge Hausbesorger, dass von einigen Rosen die Köpfe abgeschnitten wurden und nun halb vertrocknet in der Erde liegen. Zunächst glaubt er an einen nächtlichen Schabernack von Hausbewohnern, die vielleicht etwas angetrunken zu später Stunde nach Hause kamen. Doch am nächsten Tag sind vor einem Eingangsbereich alle Rosenblüten samt den Knospen abgeschnitten. Jemand muss mit einer großen Gartenschere in der Nacht über die Rosen hergefallen sein. Diese Geschichte zieht sich eine Weile hin, bis klar wird, dass der „alte" Hausbesorger dahinter steckte. Der Mann wohnt ebenfalls in der Siedlung und hatte 30 Jahre diese Stellung inne. Bevor die junge Familie einzog und nun Putztrupps die Stiegenhäuser sauber machen und die Grünflächen pflegen, durfte er noch kleinere Arbeiten ausführen. Besonders glücklich war er, wenn er bei einem verstopften Waschbecken oder einem nicht funktionierenden Haushaltsgerät in die Wohnungen gerufen wurde. Die junge Hausbesorgerfamilie lädt den alten Mann zu sich in die Wohnung. Gemeinsam wird besprochen, was er noch übernehmen kann und auch will. So wird er nun des Öfteren bei diversen Angelegenheit auch um Rat gefragt und zu allen Hausversammlungen eingeladen. Die Rosen blühen seitdem wunderschön und werden nur zur Schnittzeit zurechtgemacht – vom alten Hausbesorger.

Beispiel für die *Sinnfindung durch Liebe:*
Josefa M. – die Beschuldigerin
Josefa M. lebte bereits seit sieben Jahren im städtischen Altersheim. Sie wurde von ihrem Sohn dorthin gebracht, als sie ihre Wohnung nicht mehr in Ordnung halten konnte und häufig vergaß, die Herdplatten abzuschalten. Die ursprünglich sehr adrette und saubere Frau hatte bereits vor zehn Jahren begonnen, ihr Äußeres vollständig zu vernachlässigen. Dies geschah, nachdem ihr Mischlingshund Mirko von einem Auto überfahren worden war. Das treue Tier war fünf Jahre lang der einzige Freund der alten Frau gewesen. Josefa M.s Mann war schon vor Jahrzehnten gestorben, und der Sohn besuchte seine Mutter nur zu Weihnachten und manchmal zum Muttertag. Im Altersheim verschlechterte sich ihr Zustand weiter rapid. Sie ließ sich weder waschen noch anziehen. In ihrem Nachtkästchen hortete sie Lebensmittel. Sie war misstrauisch und aggressiv. Josefa M. veränderte ihre Haltung erst, als die Leiterin des Altenheimes zufällig ihre Dackelhündin mit ins Haus nahm. Josefa M. kümmerte sich ab diesem Zeitpunkt liebevoll um den Hund, er bekam in ihrem Zimmer ein Körbchen und einen Fressnapf. Die alte Frau war überglücklich und die Leiterin zufrieden, denn sie musste nun nicht mehr mehrmals am Tag nach Hause fahren, um den Hund ins Freie zu lassen.

Verwirrtheit stiftet Unruhe und Unbehagen: Wenn die Bewältigung des Alltags zum Problem wird

Bevor Möglichkeiten und Methoden für eine gute Kommunikation aufgezeigt werden, stellen sich jedoch zwei Fragen:
Was ist Verwirrtheit überhaupt?
Wie äußert sich dieser Zustand?
Verwirrtsein ist nicht gleich Verwirrtsein. Jeder von uns hat schon des Öfteren den Haustorschlüssel hoffnungslos verlegt oder stundenlang ein wichtiges Dokument gesucht. Manchmal misslingt auch der Kuchen oder das Essen am Herd verbrennt. Und wer in Gedanken versunken ist, dem kann es am Morgen schon passieren, dass er auf der Fahrt zur Arbeit nicht in die richtige Straße abbiegt. Das Einsteigen in die falsche S-Bahn oder Bus wird zwar als lästig empfunden, manchmal reagiert man auch erschrocken darauf. Niemand aber wird von sich behaupten, *verwirrt* zu sein, nur weil er den neuen Schirm irgendwo stehen gelassen hat oder der Name des dringend benötigten Installateurs entfallen ist. Das unter den Jugendlichen oft verwendete geflügelte Wort *„Alzheimer lässt grüßen!"* bedeutet in diesem Zusammenhang ein fröhliches Hinweisen auf einen „Zustand", der – wenn er tatsächlich ausbricht – alles andere als schön oder lustig erlebt werden kann.

Die Alzheimer-Krankheit ist eine schleichende Erkrankung, an der gerade in unserer zivilisierten Welt mit hoher Lebenserwartung extrem viele Menschen erkranken. Der Weg führt in die absolute Hilfs- und Pflegebedürftigkeit, und es ist ein langer, dorniger Weg, der es Angehörigen und Familienmitgliedern extrem schwer macht, begleitend an der Seite bleiben zu können. Die Alzheimer-Krankheit verläuft in *drei Stadien,* die sich langsam aufbauen und zum totalen Vergessen führen. Erste Anzeichen sind oft nur Kleinigkeiten, wie das Vergessen von Namen oder Orten. Es macht plötzlich große Mühe, die Waschmaschine in Gang zu setzen. Das Essen verbrennt immer wieder oder die Suppe kocht über. Geliebte Arbeiten im Garten gelingen nicht mehr, und die bislang regelmäßige Tarock-Runde mit Bekannten am Sonntagnachmittag wird vergessen. Auch das Autofahren wird zur Qual, und wenn man nicht mehr weiß, wie das Auto in Betrieb genommen werden kann oder was mit dem Zündschlüssel zu tun ist, dann tritt bereits das *zweite Stadium* ein. Oft ausgelöst durch traurige Ereignisse oder Zwischenfälle, kommt es zu einem massiven Gedächtnisschwund. Die für Außenstehende fast unerträgliche Unruhe tritt ein, ebenso Störungen im Bewegungsablauf. Dann brauchen Menschen Hilfe auf der Toilette und können einfachste Dinge ihres Alltags nicht mehr erledigen. Langsam gehen alle kognitiven Fähigkeiten verloren, und die Gedanken wandern zurück in die Kindheit, in andere Erlebniswelten. Später wird auch die Sprache unverständlich, und die Menschen artikulieren sich nur noch in undefinierbaren Lauten, die es zu deuten gilt.

Nach vier bis vierzehn Jahren tritt der Krankheitsverlauf in das *Endstadium* – auf eine langsame und schleichende Art und Weise. Der Alzheimer-Patient erkennt dann weder sich noch seine Familie oder Nahestehende. Er leidet unter starken Gefühlsschwankungen und Sprachstörungen. In dieser Phase sind die Menschen auch inkontinent und benötigen Hilfe und Pflege rund um die Uhr. Meist tritt nach ein bis drei Jahren der Tod ein.

Wie lange diese intensive Zeit der Pflege bis zum Tod sein kann und welche Schwierigkeiten für Angehörige und Familien dabei auftreten, die ihre alten Angehörigen bis zum Tod zu Hause pflegen, wollen wir an anderer Stelle beleuchten. Tatsache aber ist, dass nur Liebe und einfühlsame Zuwendung und vor allem viel Verständnis für das Verhalten dieser betagten Patienten ihren elenden und demütigenden Abschied lindern können. Ihr Bild von der Welt und ihrer Umgebung hat sich dann bereits völlig verzerrt und liegt nur noch bruchstückhaft auf.

Bevor es zu diesem allerletzten Er-Leben kommt, sind jedoch die Zustandsbilder noch verschieden: Es gibt Verwirrte, die feindselig und streitsüchtig auf ihr Umfeld reagieren, ruhelos und ungehorsam sind wie kleine Kinder. Auch die Fortbewegungsart wird unsicher, manchmal zappelig. Andere werden schweigsam und igeln sich immer mehr ein. Die Alltäglichkeiten werden aus dem Gehirn ausgeblendet, der verwirrte Mensch kann die Tages- und Nachtzeiten nicht mehr unterscheiden. Sie vergessen, wo die Toilette liegt oder ihr Bett steht, und können sich oft gar nicht mehr konzentrieren. Die Zeitung wird so immer wieder gelesen, keine der Schlagzeilen kann jedoch gemerkt oder wiedergegeben werden.

Wenn alte und neue Bilder unaufhörlich durch den Kopf wirbeln.

In der Kommunikation ist es von wesentlicher Bedeutung, auf ZWEI EBENEN zu achten:

1. der sprachlich (verbal) ausgedrückte Inhalt einer Botschaft;
2. die nichtsprachlichen Signale jeder Kommunikation durch:

- Stimme, Tonfall, Sprechtempo, Lautstärke, Stimmlage, Sprechmelodie;
- Mimik und Gestik, die besonders stark die Gefühle eines Menschen ausdrücken;
- Blickkontakt, der gut darüber Auskunft gibt, ob mehr Nähe oder Distanz gewünscht wird;
- Körperkontakt. Schon ganz einfache Pflegemaßnahmen lassen den Verwirrten spüren, ob er gemocht oder abgelehnt, nur widerwillig geduldet wird.

Verbale, also sprachliche Kommunikationsmethoden können nur dann eingesetzt werden, wenn der alte und verwirrte Mensch noch bereit ist, wenigstens einen seiner möglichen Kommunikationskanäle zu benutzen.

Körperliche Merkmale von Verwirrten, mit denen man noch sehr gut verbal kommunizieren kann, sind:

- angespannte Muskeln, aber klare und fokussierende Augen;
- Das Kinn ist nach vorn geschoben, und sie sitzen oder stehen mit gefalteten Armen;
- Alle Bewegungen ihres Körpers sind zielgerichtet;
- Die Stimmen können schrill, jammernd oder rau klingen, aber ihre Sprache ist klar;
- Sie leiden manchmal an Inkontinenz.

Was ist für die Begleitung wichtig zu wissen?

- Sie können die wachsenden körperlichen und sozialen Verluste, die das Alter unausweichlich mit sich brachte, einfach nicht akzeptieren;
- Von ihnen wurden entscheidende Lebensaufgaben nicht wahrgenommen, wie z.B. Identität finden - Intimität teilen - lernen, wie man emotionale und soziale Kontrollen errichtet - anderen vertrauen - mit etwas Neuem anfangen können - akzeptieren, wie man geworden ist.

In den meisten Bereichen des täglichen Lebens benehmen sie sich normal, aber sie wiederholen eine Handlung oft mehrmals, ohne dass ein Bezug zur Gegenwart bestünde.

Zu den psychischen Merkmalen gehört, dass

- sie den letzten Abschnitt ihres Lebens erreicht haben und sich nun in der Aufarbeitungsphase befinden;
- sie unterdrückte Gefühle herauslassen müssen;
- sie jedoch gleichzeitig alle ihre Verluste und altersbedingten Einbußen leugnen;
- sie Intimität vermeiden und nicht berührt werden wollen;
- sie aus Angst, die Kontrolle über ihre Körperfunktionen und geistigen Funktionen völlig zu verlieren, sich verzweifelt an das Hier und Jetzt klammern;
- sie sich vor Veränderungen fürchten und sich nur schwer an eine neue Umgebung anpassen;
- es ihnen unmöglich ist, ihr jahrzehntelang einstudiertes Verhalten zu verändern, daher halten sie an vertrauten Bewältigungsstrategien fest;
- sie sich jeder Form von Veränderung widersetzen, Konfrontationen erschrecken sie, und sie sind unaufhaltsam auf der Suche nach Zustimmung für ihr Verhalten, ja sie betteln geradezu darum.

Schwieriger wird es mit jenen verwirrten alten Menschen, bei denen sich bereits massive Symptome von *Zeitverwirrtheit* bemerkbar machen.

Körperliche Merkmale äußern sich etwa in:

- langsamen, ziellosen Bewegungen;
- nach vorn gebeugten Schultern, was dazu führt, dass sie schlurfend gehen;
- Verwendung ihrer Hände als Ausdrucksmittel für Gefühle;
- gelockerten Muskeln;
- klaren Augen, die aber nicht auf einen Gegenstand oder einen Menschen gerichtet sind. Es erweckt oft den Eindruck, als würden sie ins Leere schauen;
- langsamer Atmung und Aussprache, leiser Stimme;
- Inkontinenz.

Zu den psychischen Merkmalen gehört, dass

- sie Familienangehörige und Personal nicht mehr erkennen;
- sie Namen vergessen und Orte sowie Personen der Gegenwart und Vergangenheit verwechseln;
- das Kurzzeitgedächtnis immer schwächer wird, dafür werden die Erinnerungen aus der Vergangenheit immer lebendiger;
- sie sich aus der Wirklichkeit zurückziehen, um der Langeweile und Monotonie des Alltags zu entfliehen;
- sie Personen durch Dinge oder andere Bezeichnungen ersetzen;
- sie manchmal noch lesen können, jedoch schon vergessen haben, wie man schreibt;
- ihre Aufmerksamkeit nach sehr kurzer Zeit nachlässt;
- sie sich wohl an bekannte Lieder aus Schul- und Jugendzeit erinnern, aber sie nicht mehr in der richtigen Tonlage singen können;
- sie auch keine Spiele mehr spielen können, die an Regeln gebunden sind;
- sie auch nicht mehr fähig sind, ihre Gefühle zu kontrollieren, und daher frei über ihr oft ungezügeltes Bedürfnis nach Liebe und anderen Gefühlen sprechen;
- sie sich den Wünschen und Anordnungen ihrer Angehörigen und des Pflegepersonals strikt widersetzen;
- für sie Berührung, Nähe und Intimität wichtig sind.

Verbale Kommunikationsmethoden

Die wichtigste Voraussetzung, um gut in ein Gespräch eintauchen zu können, ist, sich darauf mit allen seinen Sinnen voll und ganz einzustellen. Daher müssen Alltagsfrust, Hast, Eile und Ärger erst einmal losgelassen werden, um sich voll und ganz mit Atmung, Kopf und Geist in die neue Situation zu begeben. Ein paar Minuten innehalten und tiefes Ein- und Ausatmen vor der Zimmertür des „schwierigen" Patienten kann Wunder wirken und hilft zur eigenen Psychohygiene. Das gilt aber auch für Familienangehörige. Zu oft werden Belastungsmomente, die von den Kindern oder dem Partner/der Partnerin „übertragen" wurden, wiederum den betagten, verwirrten Menschen „gespiegelt", die im Spüren der angespannten Lage – ohne es bewusst zu wollen – noch das berühmte „Schäuferl" nachlegen. Dann kommt es immer wieder zu Konflikten und Krisen, die durch eine eindeutige Haltung und ein klares Abgrenzen von den Alltagsgeschäften leicht hätten vermieden werden können.

Verbale Kommunikationsmethoden sind:

- *Sprache:* Sie sollte klar, sanft und liebevoll klingen. Die Lautstärke muss dem Hörvermögen des alten Menschen angepasst sein. Zu hohes, leises Sprechen kann von schwerhörigen Patienten nicht mehr wahrgenommen werden. Ungeduldige, unfreundliche Worte lösen oft Aggression und Zorn beim Gegenüber aus.

- *Augenkontakt:* Halten Sie direkten, langen Augenkontakt. Verwirrte Personen, die wenig Energie haben, reagieren sofort auf mitfühlendes, konzentriertes „In-die-Augen-Schauen". Dabei sollten auch die Gefühle der Person Beachtung finden, die sich durch die Augen, die Unterlippe, die Atmung, die Haltung der Hände und Füße wiederspiegeln. Durch die gezielte Beobachtung zeichnen sich auch jene Bedürfnisse des verwirrten Menschen ab, die er erfüllt haben möchte. Alle Menschen haben das Bedürfnis, geliebt und umsorgt zu werden, noch nützlich zu sein und ihre tiefen Gefühle jemandem mitteilen zu können, der mit echter Anteilnahme zuhört. Die fünf psychischen Grundbedürfnisse sind demnach ANNAHME, BEACHTUNG, AKTIVITÄT, VORBILDER und EINBEZOGENSEIN IN EINE GEMEINSCHAFT. Im Alter, wenn das soziale Netz zerreißt und die Säulen der Identität brüchig werden, können diese elementaren Bedürfnisse kaum noch erfüllt werden.

- *Tatsachenfragen:* Befindet sich ein Patient gerade in seiner heiklen Aufarbeitungsphase, dann will er nicht auf der emotionalen Ebene mit seinen Gefühlen konfrontiert werden. Geschieht dies, so zieht er sich immer mehr zurück und verweigert jegliche Form der Kommunikation. Daher sollte man so genannte Tatsachenfragen stellen (WER, WAS, WO, WANN und WIE), ohne jedoch den Eindruck zu erwecken, neugierig zu sein. Die Frage WARUM sie etwas Bestimmtes taten oder etwas geschah, soll im Gespräch mit verwirrten Menschen strikt vermieden werden, denn sie löst bloß Schuldgefühle aus.

Beispiele dafür:

Frau Müller und ihre Handtasche
Diese Altenheimbewohnerin schleppt jeden Tag eine große, schwarze, schwere Handtasche mit sich herum, die sie fest an ihren Oberkörper presst. In dieser Handtasche befindet sich ihre „ganze Persönlichkeit" – keine Sekunde lässt sie diese aus den Augen. Frau Müller ist sehr misstrauisch. Die Tasche ist voll gestopft mit Papierservietten, Handtüchern und mit Toilettenpapier. Sie füllt sie an, um sich selbst zusammenzuhalten und um weiter zu funktionieren.Es macht wenig Sinn und löst nur Aggression und Ablehnung aus, wenn die Pflegeperson die 80-jährige Dame befragt, warum sie dies alles in ihre Tasche gepackt habe.
Um überhaupt die Aufmerksamkeit dieser Frau zu wecken, könnte man die „große schwarze Tasche" ansprechen. Wo wurde sie gekauft? Wie lange gehört sie schon Frau Müller? Welche Erinnerungen knüpfen sich an diese Tasche? Später, wenn Vertrauen entstanden ist, kann man auch die Frage stellen, wie viel denn darin Platz findet. Vielleicht lässt die Patientin dann einen Blick in „ihre" Persönlichkeit zu und packt die gesammelten „Schätze" aus.

Das verstopfte WC
Familie Reiner wohnt im Haus der Mutter. Frau Reiner ist 77 Jahre alt und baute vor 50 Jahren mit ihrem schon lange verstorbenen Mann ein schönes, großes Haus im Landstil, idyllisch am Stadtrand gelegen. Seit 20 Jahren

schon leben die „jungen" Reiners (Sohn, Schwiegertochter und drei Enkelkinder) hier. Seit dem Tod ihres Mannes vor vier Jahren ist Oma „etwas seltsam": Sie schließt sich stundenlang in ihr Zimmer ein, das mittlerweile einer Ritterburg-Festung ähnelt, wie die Kinder feststellen. Holzstücke, große Schrauben, Metall- und Kunststoffplatten, auch Küchenutensilien hat die Frau hier zusammengetragen. Niemanden lässt sie in ihr „Heiligtum". In letzter Zeit ist zu den „Schrullen" der alten Frau jedoch eine unangenehme „Aktivität" hinzugekommen: Sie verstopft mit vielen Lagen WC-Papier die Toilette. Herr Reiner jun. muss eines Abends vier ganze Rollen mühsam aus der Muschel entfernen. Oma Reiner streitet vehement ab, dass sie die Verursacherin der Verstopfung gewesen sei. Sie wird aggressiv und laut und zieht sich schluchzend in ihr Zimmer zurück. Nachdem sich diese Geschichte einige Male wiederholt hat, sucht die Familie eine Lösung, und die besteht darin, dass immer nur so viel WC-Papier in der Toilette vorhanden ist, wie eine Person benötigt. Das ist zwar anfänglich lästig, weil man daran denken muss, aus dem Schrank im Badezimmer „sein" Toilettenpapier für die „Sitzung" mitzunehmen, bewirkt aber, dass Oma Reiner nicht mehr einige Rollen WC-Papier „am Ort des Geschehens" vorfindet. Die WC-Verstopfung findet kein jähes Ende, denn die alte Frau stopft nun Geschirrtücher, Servietten und Küchenrollen in das Toilettenbecken.
Nachdem dieser Versuch gescheitert ist, versucht es die Familie mit Fragen, um zu entschlüsseln, woher dieses Bedürfnis kommen könne. Oma Reiner wird u. a. gefragt: „Welches Papier gefällt dir am besten?" – „Wozu verwendet man Küchenrollen, wozu WC-Papier?" – „Wie fühlen sich Taschentücher an?" – „Woraus wird Papier erzeugt?" etc. Nach unzähligen Tatsachenfragen erzählt die alte Frau, dass sie das WC-Papier dringend benötige, um den Rohrbruch zu beheben. Überall sei schon Wasser im Haus. Wenige Wochen nach dieser Aussage wird die Frau inkontinent, und ein halbes Jahr später stirbt sie an einem Schlaganfall.

- *Wiederholen, Zusammenfassen und Schlüsselwörter verwenden*: Das sind die einfachsten und besten Methoden überhaupt. Die Pflegeperson wiederholt sinngemäß das, was der verwirrte Mensch gesagt hat. Dabei wird der Text zusammengefasst und mit möglichst den gleichen Schlüsselwörtern wiedergegeben. Auch auf die Sprachmelodie und den Klang der Stimme sollte eingegangen werden, etwa schnelles Sprechen oder abgehackt und in Pausen. Für den alten Menschen kann es ein Trost sein, die eigenen Worte noch einmal von jemand anderem zu hören. Zeitverwirrte Patienten verwenden oft Wörter, die für den anderen Gesprächspartner keinen Sinn ergeben. Durch das Zulassen von „Mehrdeutigkeit" kann man mit ihnen kommunizieren, auch wenn man gar nicht versteht, was sie sagen. Wenn also jemand ein erfundenes Wort verwendet, kann man dafür ein unbestimmtes Fürwort einsetzen, z.B. „er", „sie", „es" oder „jemand".

- *Polarisieren oder an das Gegenteil denken:* Wir können davon ausgehen, dass die von uns begleiteten Menschen 60 oder 70 Jahre ohne unsere Hilfe zurechtkamen. Sie selbst haben im Laufe ihres Lebens Bewältigungsstrategien entwickelt, um mit schwierigen Situationen gut zurechtzukommen. An diese im „Altgedächtnis" gespeicherten Fähigkeiten knüpfen die beiden Methoden an. Beim Polarisieren geht es darum, den verwirrten Menschen an *„die krasseste Möglichkeit"* zu erinnern, die ihm je widerfahren ist. Damit gibt man ihm die Möglichkeit, seine Gefühle und Emotionen so intensiv ausdrücken zu können, dass er Erleichterung verspürt.

Alltagsbeispiele dazu:
Das Essen schmeckt nicht mehr
Die alte Frau beschwert sich bei ihrer Tochter, dass das Essen ungenießbar sei, und nörgelt ständig. Obwohl die junge Frau am Sonntag extra ein Hähnchen – bislang die Lieblingsspeise der Mutter – gebraten hat und die Hähnchenkeule liebevoll angerichtet serviert. Auf die Frage: „Ist das das schlechteste Hähnchen, das du jemals gegessen hast?" reagiert die alte Frau mit Tränen. Jetzt erzählt sie ihrer Tochter, dass die Zahnprothese schlecht sitzt, sie wunde Stellen im Mund habe und ihre Lieblingsspeise aus diesem Grund nicht essen könne.

Belastende Erinnerungen an den Krieg
Der Patient wacht in der Nacht schreiend auf und schreit immer wieder: „Hilfe, Hilfe ... Feuer, es brennt ... alles raus hier!" Auf die Frage der Nachtschwester: „Herr Müller, haben Sie schon einmal ein so großes Feuer erlebt?" beruhigt sich der alte Mann. Dann erzählt er von einem schrecklichen Bombenangriff während des Krieges und wie die Wohnung völlig ausbrannte. Bei diesem Unglück kamen sein jüngerer Bruder und die Großmutter ums Leben.

Das Horten von Lebensmittel
Herr Karl ist 85 Jahre alt. Bis zu seinem 80. Geburtstag lebte er allein in seiner kleinen Wohnung. Da er im Winter den kleinen Ofen nicht mehr heizte, weil es für ihn zu mühsam geworden war, das Holz aus dem Keller zu holen, saß er im Wintermantel dort. Er hielt vier Katzen und zwei

Hunde. Die Nachbarn beschwerten sich über den üblen Geruch, da er in der letzten Zeit nicht mehr in der Lage war, die Hunde nach draußen zu lassen. Herr Karl kommt nun in ein Pflegeheim, wo er sich nicht mehr zurechtfindet. Er ruft immer wieder nach seinen Hunden, spricht mit niemandem und hortet die Lebensmittel in seinem Nachtkästchen. Vieles verschimmelt mit der Zeit darin, daher muss laut Anordnung der Heimleitung endlich „etwas geschehen". Doch das Pflegepersonal versucht vergeblich, Herrn Karl davon zu überzeugen, dass er keine Lebensmittel im Nachtkästchen aufbewahren dürfe. Ein Pfleger fragt den alten Mann einmal ganz nebenbei: „Haben Sie jemals so schlechte Zeiten erlebt wie heute?" Der alte Mann erzählt mit glänzenden Augen von der schwierigen Kriegszeit und dass er als Ältester für die Mutter und seine vier Geschwister sorgen musste. Dem Pfleger gelingt es, eine Vertrauensbasis aufzubauen und Karl dazu zu bewegen, den verfaulten Apfel und die alte Semmel gegen frische Nahrungsmittel zu tauschen.

Die zweite Möglichkeit besteht darin, auf „verwirrte" Aussagen so zu antworten, dass sich der alte Mensch in das Gegenteil von dem, was er gerade erlebt, versetzen muss. Auch in diesem Fall geht es um ein Anknüpfen an bekannte Lösungsvorschläge.

Frau Maier und der Mann unter ihrem Bett

Die Dame ist 85 Jahre alt und beklagt sich darüber, dass jede Nacht ein Mann ihr Zimmer betritt. Dieser Mann würde ihr die kostbare Unterwäsche stehlen und sich unter ihr Bett legen. Beharrlich behauptet sie immer wieder: „Dieser Mann ist letzte Nacht wieder gekommen. Er liegt unter meinem Bett!" Die Schwiegertochter, die auch diese Nacht wieder keinen Schlaf findet, blickt mit müden Augen die alte Frau an und fragt, ob sie sich an Zeiten erinnern könne, in denen dieser Mann NICHT gekommen sei, in denen er sich NICHT unter ihr Bett gelegt habe. Frau Maier beruhigt sich augenblicklich und erzählt ihrer Schwiegertochter von ihrem ersten Freund, der „größten Liebe ihres Lebens", wo und wie sie sich heimlich – ohne Wissen ihrer Eltern – getroffen hätten. Diese Geschichte war bislang ein Geheimnis gewesen. Nicht einmal Frau Maiers Schwester wusste über die Existenz dieses Liebhabers Bescheid. Ab dieser Nacht schläft Frau Maier zwar noch oft unruhig und wacht auf, lässt sich aber von ihrer Schwiegertochter sofort beruhigen – durch eine Streicheleinheit, ein Bonbon oder eine Schale Milch.

- *Das bevorzugte Sinnesorgan herausfinden:* Jeder Mensch bevorzugt ein bestimmtes Sinnesorgan. Für manche sind es die Augen, für andere ist es der Geruchssinn, wieder für andere das Tasten und

Fühlen. Wenn man das bevorzugte Sinnesorgan bei einem verwirrten alten Menschen ausfindig machen kann, wird es leichter, eine Vertrauensbasis aufzubauen und einen Weg in seine ureigenste Welt zu finden. Aus der Stimmlage des Patienten kann man bereits sein bevorzugtes Sinnesorgan heraushören:

- Ist die Stimmlage hoch, neigt er zum *Visualisieren;*
- Ist sie mittel, zum *Hören* und
- wenn sie tief ist, zum *Fühlen.*
- Um herauszufinden, welches Sinnesorgan jemand bevorzugt, muss man genau zuhören und beobachten, man muss versuchen, einen Schlüssel zu dem zu finden, was die Person sagt oder versucht zu vermitteln.
- So kann man einen Schwerpunkt im Gespräch setzen und z. B. den Geschmackssinn ansprechen: *„Wie schmeckt das Essen heute, Frau Baumann? Ist es bitter? Schmeckt es nach gar nichts?"* Solche Menschen sprechen auch gern über das, was sie einmal selbst gekocht haben und wie es geschmeckt hat.

Beispiel für einen ausgeprägten Geruchssinn
Die 80-jährige Frau hat den Großteil ihres Lebens – 60 Jahre – als Frau eines Hotel- und Restaurantbesitzers in der Küche verbracht. Als kleines Küchenmädchen kam sie in das für ihre Verhältnisse vornehme Haus. Die „Schönheit vom Lande" mit den blauen Augen und den blonden Haaren wurde die Frau des Juniors. Noch heute schwärmt sie von Kräutern und Gewürzen, die sie zum Verfeinern einsetzte, und manchmal hat man den Eindruck dabei – auch wenn sie schon einiges durcheinander bringt –, als würde sie in diesem Augenblick den Gugelhupf oder den gebratenen Fisch vor sich haben und den Geschmack im Munde zergehen lassen. Selbst in der Erinnerung duftet der Schweinebraten noch immer herrlich ...

Beispiel Visualisieren
Die alte Nachbarin erzählt immer wieder von ihren Ausflügen in die Berge, die sie als junge Frau erlebte. „Es war wundervoll dort oben. Wir erlebten die herrlichsten Sonnenuntergänge. Ich war so hoch oben, dass ich bis weit in Tal schauen konnte. Und rundherum lauter schneeweiße Berggipfel und die grünen Wälder an den Hängen. Einige Male konnte ich sogar eine Gemse oder ein Reh sehen, ganz scheu und weit weg. Ich liebe die Berge noch immer. Schade, dass man hier hinter den grauen Mauern nicht einmal den Himmel richtig sehen kann!"
Diese Frau bevorzugt ihre Augen. Sie wird auf alle Wörter reagieren, die das Sehen beschreiben.

Beispiele für Hören

Andere Menschen wiederum reagieren eher auf Klänge und bevorzugen Worte, die mit dem Hören zu tun haben: *„Das klingt aber leise"*, *„Ich habe es ganz genau gehört!"*, *„Seine Stimme war grausam und durchdringend."* „Hörende" Menschen reagieren auch außerordentlich gut auf Musik und Klänge aus der Kindheit. Auch das Ansprechen von Opern oder Operetten und Schallplattenaufnahmen können zu einem guten Dialog führen.

Herr T. und der große Tenor Joseph Schmidt

Herr T. hat in den schwierigen Zeiten vor dem Zweiten Weltkrieg in Düsseldorf gelebt. Sein Vater war der Besitzer eines kleinen Gemischtwarenladens. Der bescheidene Wohlstand des Vaters erlaubte es Herrn T., seinen Lieblingstenor Joseph Schmidt zu hören. In erster Linie aus dem Äther des Radiogerätes, das in der damaligen Zeit auch keine Selbstverständlichkeit war. Später sah er sich im Kino alle Filme an und sammelte Fotos und Zeitungsartikel. Heute noch legt er die Schallplatten auf – mit diesem Gerät kann er noch umgehen, für einen CD-Player ist er schon zu alt. Dann summt er seine Lieblingsmelodien „Ein Lied geht um die Welt", „Ein Stern fällt vom Himmel" und „Heut' ist der schönste Tag in meinem Leben" mit. Jahre später, als Herr T. schon längst nicht mehr mit seiner Familie spricht, beginnt er zu lächeln, wenn seine Frau die alten Platten auflegt ...

Beispiele für Fühlen

„Ich fühle mich heute furchtbar", *„Ich spüre etwas da drinnen"*, *„Das hat mich aber hart getroffen"* sind beispielhaft für einen ausgeprägten Tast- und Spürsinn.

Je nachdem, mit welchen Sinnen ein Mensch unterwegs ist, verwendet er Worte verschiedener Sinnessysteme. Daraus lässt sich ableiten, um welchen „Typ" es sich handelt.

„Ich fühle mich so furchtbar"

Jeden Tag ruft Lisa ihre 87-jährige Mutter an, die in einer anderen Stadt lebt. Immer hört sie die leidende Stimme der alten Frau, die ins Telefon krächzt, wie schlecht es ihr gehe und wie einsam sie sich fühle. Kündigt die Tochter dann an, dass sie in den nächsten Tagen auf Besuch käme, um bei ihr Ordnung zu schaffen, so wimmelt die alte Frau in gekonnter Manier die Tochter ab, indem sie ihr erklärt, dass sie ohnedies nicht zu Hause sei. Diese – für beide – unbefriedigende Situation (die Tochter lebt 300 Kilometer vom Wohnort der Mutter entfernt und ist selbst bereits kränklich) führt dazu, dass sie bei den täglichen Telefongesprächen mit ihrer Mutter auf deren ausgeprägtes Empfinden und Fühlen eingeht und die obligate

Frage „Wie geht's dir heute" gleich ganz aus dem Vokabular streicht. Sie spricht mit ihr künftig nur noch darüber, welche „Frühlingsgefühle" ihre Mutter spüre, und horcht genau auf die Worte der Mutter. Einzelne Schlüsselwörter greift sie auf und wiederholt sie im Gespräch. So erzählt die alte Frau zum Stichwort „Gewitter" von ihren Angstgefühlen als kleines Kind, wenn es blitzt und donnert. Die Tochter kann herausfinden, dass es am Tag zuvor ein sehr starkes Gewitter gegeben hat, doch ein strahlend schöner Regenbogen hat die Mutter für ihre Angstgefühle entschädigt. Außerdem habe sie sich danach sehr wohl gefühlt, weil es nicht mehr so drückend heiß gewesen sei.

Beispiele für visuelle Menschen (Sprache des Sehens):
„Das sieht so aus, scheint so, als wenn ..."
„Einen Blick für das Feine haben."
„Es ist mir noch nicht ganz klar ..."
Dabei kommen in erster Linie beschreibende Schlüsselwörter zum Einsatz.

Beispiele für kinästhetische Typen (Sprache der Empfindungen):
„Dann habe ich immer das Gefühl, dass ..."
„Ein feines Gespür für ..."
„Das ist der Stein des Anstoßes!"

Beispiele für olfaktorische Typen (Sprache des Geruchssinns):
„Das riecht förmlich nach ..."
„Einen guten Riecher"
„Irgendwie hat die ganze Sache einen unangenehmen Beigeschmack."

Das sind einige Beispiele, wie Kommunikation stattfinden kann. Zu jedem guten Gespräch gehören jedoch die richtigen inneren Haltungen und entsprechende äußerliche Rahmenbedingungen. Menschen in so genannten schwierigen Lebenssituationen und in Krisen erfordern ein großes Einfühlungsvermögen, weil sie sehr sensibel auf jeden zwischenmenschlichen Kontakt reagieren.

Hilfen für ein gutes Gespräch

- *Persönliche Voraussetzungen*

Jedes „gute" Gespräch, egal wie kurz oder lang es ist, verlangt die Bereitschaft, sich einzulassen auf die Lebensgeschichte eines Menschen oder auf eine augenblicklich schwierige Situation für beide Seiten. Ich muss selbst bereit und aufnahmefähig sein, bevor ich zulassen kann, dass ein anderer Mensch seinen „Rucksack" von Erinnerungen oder auch negativen Erlebnissen vor mir ausbreitet. Dazu gehört weiter:

- *Kontaktaufnahme*

Durch eine Geste, die Aufmerksamkeit erweckt, durch einen freundlichen Satz oder eine Anrede sollte man erst einmal abklären, ob auch der Gesprächspartner bereit dafür ist und Zeit und Lust zu einem Gedankenaustausch hat. Neben der Sprache des Körpers kommt dem Blickkontakt eine wesentliche Bedeutung zu. Einem alten Menschen in die Augen zu schauen, das schafft oft nicht nur Vertrauen, sondern signalisiert auch, dass man ihn in seiner ganzen Persönlichkeit wahrnimmt.

- *Geduld, Geduld und noch mehr Geduld*

In einer Zeit der Schnelligkeit und Effizienz scheint die Geduld als Kunst des Wartens schon fast ausgestorben zu sein. So wie sich die alte Dame entschuldigen muss, dass sie nicht so rasch die Stufen bis zum Lift gehen kann, fehlt auch den vielen Familienangehörigen oder Begleiter/-innen die Gelassenheit, in Ruhe und Geduld sich den Sorgen und Nöten verwirrter alter Menschen zuzuwenden. Dabei sollte ein Zitat von Friedrich Christoph Oettinger zum Leitspruch werden: *„Gib mir die Gelassenheit, Dinge hinzunehmen, die ich nicht ändern kann. Gib mir den Mut, Dinge zu ändern, die ich ändern kann. Und gib mir die Weisheit, das eine vom anderen zu unterscheiden" (Elster Verlag, Geduld – Die Kunst des Wartens, Hrsg. Ruthard Stäblein, 1994, Bühl-Moos, S. 40)*. Es ist häufig die Ungeduld eines oder beider Gesprächspartner, das zum Scheitern von gelungener Kommunikation führt.

- *Zuhören können*

Das Schwierigste nach dem Geduldigsein ist wohl das *aktive Zuhören*. Gerade im Umgang mit alten Menschen, deren Tempo schon ein anderes geworden ist, oder gar in der Kommunikation mit Verwirrten scheitern viele an dem Problem des Zuhörens! Ist es doch viel leichter, selbst zu reden, da wir das Patentrezept zur Lösung des Unwohlseins oder zur Veränderung einer unglücklichen Situation schon längst im Hinterkopf haben. Unglückliche und Verwirrte werden aber unsere Problemlösungen weder verstehen noch akzeptieren können. Sie müssen selbst das Gefühl haben, ernst genommen und wertgeschätzt zu werden, und wollen aus eigener Kraft ihre Vorstellungen entwickeln. Das bedeutet für die „noch nicht verwirrten" Gesprächspartner, dass der andere „seine" Geschichte und seine subjektive Wahrheit ausbreiten und ausleben darf. Selbst hingegen können nur der Inhalt wiederholt und Aussagen hinterfragt werden – damit man sichergehen kann, auch alles richtig verstanden zu haben. Es ist die Fähigkeit, herauszuhören, welche Gefühle sich hinter den Wortgebilden und oft unzusammenhängenden Sätzen verbergen.

- *Schweigen statt reden*

Die Stille und das Aushalten von Schweigen gehören ebenfalls zu einer guten Gesprächsführung. Ständiges Reden lenkt oft von der tatsächlichen emotionalen Situation ab und verschleiert die echten Gefühle wie Schmerz, Trauer oder Einsamkeit, manchmal auch Wut und Zorn und Hassgefühle.

- *Haltung gegenüber dem verwirrten alten Menschen*

Kranke, verwirrte, alte und sterbende Menschen sind besonders sensibel für alle Zwischentöne im Kontakt. Gerade die nonverbale Kommunikation vermittelt die inneren Haltungen des Pflegenden. Für jedes Gespräch gibt es daher hilfreiche Einstellungen und andere, die nicht sehr hilfreich sind.
Hilfreiche innere Haltungen wären:

- Interesse;
- Achtung vor dem Anderssein des anderen und seinen Verhaltensweisen;
- Respekt;
- Zuneigung;
- Aufmerksamkeit;
- Gefühl von Solidarität (auch ich werde eines Tages sterben, auch ich kann einmal hilflos, alt, krank und einsam sein).

Nicht hilfreiche innere Haltungen hingegen sind:

- Angst, die Macht über einen hat;
- Desinteresse;
- Unlust;
- Überforderung;
- Abneigung;
- Ekel;
- Ungeduld/Zeitnot;
- Gleichgültigkeit;
- Neugier.

Für Pflegende und Begleitende ist es daher sinnvoll, sich über die eigenen Haltungen Klarheit zu verschaffen.

- *Das Auspendeln von Nähe und Distanz*

Gerade im Umgang mit verwirrten alten Menschen sind Fragen in der Art „Wie viel Nähe brauchst du?" und „Wie viel Distanz brauche ich?" heikle Fragen, die nicht einfach beantwortet werden können. In ihrem Unglücklichsein und ihrer Trauer über verloren gegangene Zeiten klammern sich alte Menschen oft fest an ihre Familienangehörigen und Pflegenden; sie betteln dann geradezu um Zuneigung. Nicht immer jedoch ist man in der Lage, diesem Bedürfnis nach bedingungsloser Nähe nachzugeben, daher muss es zu einem ständigen Auspendeln von Nähe und Distanz kommen. Für das Gelingen eines Gespräches ist es in jedem Fall notwendig, dem Gesprächspartner seine prinzipielle Aufnahmebereitschaft zu signalisieren und die Bereitschaft, seine Hand zu streicheln oder ihn in den Arm zu nehmen.

- *Beachtung von Lebensraumgrenzen*

In der Begleitung von Menschen, die auf unsere Hilfe angewiesen sind, ist es besonders wichtig, immer wieder auf die Bedeutung der Lebensraumgrenzen hinzuweisen. Dies gilt vor allem für die Intimzone. Eigentlich stellt jede Überschreitung einer „territorialen" Grenze eines Menschen ohne dessen ausdrückliches Einverständnis einen groben Verstoß gegen seine Würde dar! Wie oft jedoch geschehen solche Maßnahmen „zum Wohle" des Patienten oder weil er nicht mehr gefragt werden kann. Es sollten jedoch in jedem Fall die Regeln der Höflichkeit eingehalten und „Übergriffe" auf den Pflegebedürftigen zumindest angekündigt werden. So sollte man beispielsweise um Erlaubnis fragen, ob man sich auf das Bett setzen, den Menschen berühren oder pflegerische Maßnahmen setzen darf.

- *Umgang mit negativen Reaktionen*

Alle so genannten negativen Emotionen wie Zornausbrüche, Wut, Tränen, Schreien etc. müssen irgendwann einmal aus den Tiefen der Seele nach außen dringen können. Positiver Umgang mit diesen Gefühlen bedeutet, dass man sie nicht gegen einen selbst gerichtet erleben darf, sondern vielmehr als Chance und Notwendigkeit, die dem anderen in seiner derzeitigen Situationen zugestanden werden müssen. Dies gilt im Besonderen für alle Schuldzuweisungen, Selbstzweifel und Anklagen.

- *Einfühlungsvermögen*

Gerade bei der Kontaktaufnahme mit einem alten und/oder verwirrten Menschen geht es immer auch um Kompromisslösungen. Mit großem Einfühlungsvermögen muss eine Balance gefunden werden zwischen Ausdruck und Wirkung. Wie kann man z.B. einem Menschen die Wahrheit sagen, ohne ihn zu verletzen? Wie kann man Mitgefühl vermitteln, ohne die Trauer zu verstärken? Wie kann man ermutigen und bestärken, ohne zu schmeicheln?

- *Sprache der Symbole*

Zusätzlich gibt es noch einige Dinge, die man in der Kommunikation mit verwirrten alten Menschen beachten sollte, wie z.B. den Umstand, dass sie oft das ausleben, was sie Zeit ihres Lebens unterdrücken mussten. Wenn die Barrieren fallen, dann kommen in der letzten Lebensphase häufig Charaktereigenschaften zum Vorschein, die Entsetzen und mitunter auch Abscheu bei den pflegenden Familienangehörigen auslösen. Wenn so viel ungelebtes Leben plötzlich überschäumend und ohne Kontrolle aus einem Menschen herausbricht, wenn die Rollen wie lose Kleidungsstücke an der „Garderobe des Lebens" einfach abgegeben werden, dann können absurde Situationen wie in einem sehr modernen Theaterstück entstehen. Da gerade Verwirrte sehr stark von einer Kommunikationsebene zur anderen springen, das heißt in einem Moment sehr klar und deutlich sind, im anderen wieder etwas suchen oder nach etwas verlangen, was wir nicht entschlüsseln können, ist es immer wieder eine Herausforderung für die Begleitung, das Gesagte oder Gestammelte zu entschlüsseln. Dabei ist es überhaupt nicht wichtig, immer genau herauszufinden, worum es dem Verwirrten geht oder was er meint. Oft reicht es bereits aus, wenn wir beide „Wahrheiten" nebeneinander stehen lassen können (unsere und seine) und den Menschen ernst nehmen, ihm zuhören, ihn zu verstehen versuchen und ihn annehmen in all seinem Elend und seiner Hilflosigkeit.
Der Rückzug in die inneren Erlebniswelten eines alten und verwirrten Menschen bringt mit sich, dass sich auch seine Sprache vollkommen verändert. *„Ich verstehe meinen Vater nicht mehr, es ist, als würde er in einer anderen Welt leben." – „Meine Mutter sucht andauernd nach einem Koffer, den es gar nicht gibt."* Solche und ähnliche Aussagen Betroffener machen deutlich, dass ihre Angehörigen tatsächlich eine „andere" Sprache sprechen, als würden sie sich auf ihrer Reise dem Tode entgegen bereits in einem ganz anderen Land befinden. Die in dieser Sprache vorkommenden Symbole finden wir oft in alten Märchen und Mythen oder in Psalmen wieder, wenn die Nacht zum Tag wird, dann auch in den Träumen der uns anvertrauten alten Menschen.

Hier nun einige Beispiele für die *Symbolsprache* verwirrter alter Menschen, wobei bei der Interpretation immer Vorsicht angebracht ist. Wenn z.B. eine alte Frau davon spricht, *nach Hause* gehen zu wollen, so kann damit jene Sehnsucht nach ihrer Kindheit und dem Geburtsort verbunden sein; eine andere wiederum meint damit ihr letztes Zuhause, die kleine Wohnung, in der sie nicht mehr über den Tag kam und aus der sie mit einem großen Trennungsschmerz ausziehen musste. Bei der Deutung von Symbolen spielt auch die Vergangenheit und die Biografie dieses Menschen eine große Rolle.
Häuser können beispielsweise für den eigenen Körper stehen. Wenn Menschen unbedingt nach einem Handwerker verlangen, um in der Küche etwas reparieren zu wollen oder um das Dachgeschoß auszubauen oder gar nach einem Installateur verlangen, dann könnte dies bedeuten, dass mit ihrem Körper vieles nicht in Ordnung ist. Inkontinenz, körperliche Beschwerden, vielleicht sogar chronische Schmerzen lassen den Wunsch aufkommen, durch eine „Generalsanierung" alles wieder zum Guten verändern zu können. Die Erinnerungen an jene Zeiten, in denen diese Menschen jung und kräftig waren, nähren zusätzlich das Begehren, wieder völlig intakt zu sein.
Viele Menschen sprechen immer wieder von *Geld* oder *Gold*. Sie suchen stundenlang danach, sind verzweifelt, wenn sie es nicht finden. Dieses Symbol steht gerade in unserer Gesellschaft für Status und Energie. Mit Geld kann man sich Nahrungsmittel und Luxusgüter kaufen oder Kleidungsstücke. Gerade Hochbetagte, die die kargen und bitteren Kriegsjahre und die Aufbauzeit danach erlebten, hängen an ihren Ersparnissen. Mit zunehmenden Alter werden sie auch geizig und misstrauisch allen möglichen Personen gegenüber – sogar den eigenen Familienangehörigen und der netten Dame am Bankschalter. Aus den alten Märchen und Mythen weiß man, dass Gold der Schlüssel zum Reichtum sein kann.

Ein Beispiel dazu:

Frau U. und das Trinkgeld
Frau U. war eine sehr sparsame Frau Zeit ihres Lebens gewesen. Ihr Mann war aus dem Krieg nicht heimgekehrt, und so musste sie für sich und die beiden kleinen Kinder selbst sorgen. Dennoch hatte sie es zu einem bescheidenen Wohlstand gebracht. Nach einem längeren Krankenhausaufenthalt und einigen Monaten zur Rehabilitation in einem Sanatorium nahm die Tochter die Mutter bei sich auf. Frau U. war – durch die Krankheit und die plötzlich veränderte Situation – völlig verwirrt geworden, und es war nicht

daran zu denken, sie in ihrer Wohnung allein leben zu lassen. Schweren Herzens hatte die Tochter die Wohnung aufgelöst. Die Mutter erkannte häufig ihre Tochter nicht mehr und behandelte sie wie eine fremde Person. Besonders am Morgen – nach einer langen Nacht, in der die alte Frau durch die für sie fremde Wohnung geirrt war –war es für Frau U. sehr schwierig, sich in dieser Welt zurechtzufinden. So kam es mit der Zeit, dass sie in ihrer Tochter eine zwar nette, aber fremde Person sah. Für das Frühstück und das Mittagessen wollte sie daher unbedingt bezahlen – wie in einem Café oder Restaurant. Zumindest ein Trinkgeld wollte sie ihrer Tochter, die sie oft als „Fräulein" ansprach, in die Hand drücken. Wenn die Tochter sie dann davon abbringen wollte, da ihre Mutter ja auch überhaupt kein Geld eingesteckt hatte, wurde sie gereizt und böse: „Mir hat nie jemand etwas schenken müssen, ich habe ehrlich dafür gearbeitet!", sagte die alte Frau immer wieder. Auf Anraten einer befreundeten Psychologin ließ sich die Tochter auf einen „Tauschhandel" ein, der für die alte Frau eine akzeptable Lösung war. Frau U. „musste" für ihr Essen „arbeiten": kleine Arbeiten, die sie noch verrichten konnte, wie Gemüse putzen oder Bügelwäsche zusammenlegen, gaben ihr die Würde wieder zurück, und mit der Zeit konnte sie das Versorgtwerden mit Nahrungsmittel gut annehmen.

Manche verlangen nach *Aktenordnern*, sprechen von Büchern, die sie noch unbedingt fertig lesen wollen (auch wenn sie schon längst nicht mehr lesen können) oder verlangen nach *Briefpapier* und Stiften, um noch eine Botschaft abschicken zu können. Dahinter kann sich das ganz starke Verlangen verbergen, letzte ungesagte Nachrichten auszusenden oder etwas aus der Vergangenheit noch aufarbeiten zu müssen.
Ein Alltagsbeispiel dafür:

Herr Dr. F. und seine Akten
Der alte Rechtsanwalt im Pflegeheim verlangte unentwegt nach Unterlagen und Aktenordnern. Aus den Patientenzimmern des Altenpflegeheimes entwendete er Briefe und Ansichtskarten; die Schwestern mussten ihr Zimmer absperren, da er ständig auf der Suche nach Mappen und Ordern war. Dr. F. wurde sehr aggressiv, wenn das Pflegepersonal ihm die fremden Briefe und Karten oder die Unterlagen wieder abnahm. Er drohte mit seinen knöchernen Fäusten oder griff sogar zum Stock. Im Keller des Heimes befand sich ein Depot mit alten Unterlagen. Die Stationsschwester suchte mehrere große schwarze Aktenordner mit bereits vergilbten Blättern aus und brachte sie dem alten Mann. Überglücklich streichelte er mit seinen langen, dürren Fingen darüber. Er bewahrte sie sorgsam in seinem Zimmer auf und saß

Ein Blatt aus sommerlichen Tagen,
ich nahm es so im Wandern mit,
auf daß es einst mir möge sagen,
wie laut die Nachtigall geschlagen,
wie grün der Wald, den ich durchschritt.

Theodor Storm

stundenlang über die Blätter gebeugt und murmelte vor sich hin. Es schien, als würde er sich auf seinen allerletzten großen „Prozess" vorbereiten ...

Alte verwirrte Menschen, deren Wurzeln aus dem ländlichen Bereich stammen oder die immer ein Grundstück, vielleicht sogar einen Garten besaßen, wollen, am Ende ihres Lebens angelangt, oft noch die *Erde* beackern, im Garten die *Blumen* und das *Gemüse* aussetzen. Dahinter verbirgt sich wohl die Wunsch eines jeden Menschen, nach dem Tod im Leben Spuren zu hinterlassen, ein „blühendes" Lebenswerk geschaffen zu haben und vor allem die Hoffnung, nie völlig vergessen zu werden.

Manchmal kommt es auch vor, dass sie von einem *alten Brunnen* sprechen, aus dem sich kein Wasser mehr herausholen lässt. Oder sie suchen einen Brunnen, in dem es wundersam rauscht, dann versuchen

sie, ihre Erinnerungen, die oft tief eingeschlossen wie in der Tiefe eines Brunnenschachtes ruhen, zum Klingen zu bringen. Es kann aber auch die beruhigende Melodie des Wassers sein, die Bilder aus der Vergangenheit aus der „guten alten" Zeit hervorzaubert.
Es kann aber auch vorkommen, dass nach *Schlüsseln* gesucht wird oder imaginäre *Tore* unbedingt aufgeschlossen werden müssen. Wenn wir sehr alte Menschen als Reisende betrachten, die auf ihren letzten Zug warten, dann bekommen Schlüssel und aufzusperrende Tore die Symbolik für das Spirituelle, das Transzendentale als eine Möglichkeit zur Vorbereitung auf eine andere, neue Welt. Dieses Verhalten kann aber auch einen viel profaneren Hintergrund haben: Wer weiß schon, was diese Menschen jahrzehntelang in Kästchen, Schatullen, Wäscheschränken und Komoden an wertvollen Dingen aufbewahrt hatten, versperrt vor den neugierigen Zugriffen anderer? Briefe und Erinnerungsstücke können darunter sein, besondere Wäschestücke, Seifen, Goldketten, Ringe oder andere Dinge, um die sich ein Geheimnis rankt oder die eine individuelle Bedeutung haben.

Identität aus dem Erinnern: Erinnerungen zum Geschenk machen

Biografisches Arbeiten ist immer Erinnerungsarbeit mit dem Blick in die Zukunft. Sie kann qualvoll sein, weil sie auch die Mühen der Vergangenheit anspricht. Sie ist freundlich, weil sie das Schwere mit dem Gelungenen in Verbindung bringt. Soziale und historische Verhältnisse längst zurückliegender Zeiten, aber auch die persönliche geistig-seelische Entwicklung spielen dabei eine große Rolle. Biografiearbeit ist aber auch das *Aufdecken* von Lebensspuren fremder Menschen. Manchmal können dann Entwicklungen besser verstanden werden und Motive für das gegenwärtige Verhalten aus der individuellen Lebensgeschichte herausgearbeitet werden. Das Erinnern ist glaubhaftes und glaubendes Erkennen eigenen und fremden Lebens. Diese Darstellung hat oft nur wenig mit der Realität zu tun: Filter blenden Unerwünschtes aus und schönen das Leben – besonders bei verwirrten Menschen.

Das war mein Leben

Die Bedeutung der Lebensbilanz in der Begleitung verwirrter, kranker, alter, sterbender Menschen bedeutet:

- Möglichkeit, das Leben abzurunden;
- sich auf das Sterben als letzte Lebensaufgabe einzulassen.

Das Lebenspanorama ist die vergegenwärtigte Rückschau und der oft verzweifelte letzte Versuch, das Leben als Gesamtes und in seinen Zusammenhängen zu begreifen, es sich noch einmal anzueignen. Gerade dann, wenn das Leben aus den Fugen zu geraten scheint, weil Demenz und Verwirrtheit vom Menschen Besitz ergreifen. Dabei geht es um die zentralen Fragen des Lebens:
WER BIN ICH?
Die Frage der eigenen Identität begleitet uns ein Leben lang.
WER WAR ICH?
Wir möchten verstehen, wer wir SIND, indem wir verstehen, wer wir WAREN und nunmehr GEWORDEN sind, indem wir fragen:
WER WERDE ICH SEIN?

„Das war ich!“ – Erinnerungen an längst vergangene, glückliche Tage.

Wenn sich die Erinnerungen an das gelebte, vergangene Leben einstellen, dann bedeutet dies auch immer *Trauerarbeit*. Es geht um die Aufarbeitung von lange aufgestauten Konflikten, belastenden Schuldgefühlen und vielen Trauererlebnissen.

„Verhaltensregeln“ für Biografiearbeit:
„Biografische Begleiter“ werden zum Spiegel, in dem der zurück-

schauende Mensch sich selbst und sein Leben noch einmal betrachten kann.

- Vertiefendes Nachfragen ist nicht nötig, es genügt in der Regel, nur kleine Anregungen zu geben.
- Einfach da sein, die Hand halten, signalisieren: *„Ja, ich habe dich verstanden!"*
- Aktives Zuhören – das ist die „Kunst", den alten Menschen in seiner Aufarbeitungsphase immer aussprechen zu lassen, ohne ins Wort zu fallen oder bruchstückhafte Sätze einfach zu ergänzen.
- Empathisch sein – das heißt sich einlassen können mit Einfühlungsvermögen bei genügend großer Distanz.

Die Rolle des Begleiters besteht in zwei Aufgaben:
In der Anleitung zur erlebnisnahen Aufarbeitung der Lebensszenen (diese Rolle ist gekennzeichnet durch Enthaltsamkeit, Dasein, Schweigen) und als Miterlebender, Zuschauer mit echtem Einfühlungsvermögen bei nötiger Distanz. Diese Abgrenzung bezieht sich darauf, dass es sich um das Leben eines anderen Menschen handelt und nicht um das eigene! Es ist nicht die Aufgabe des Pflegenden oder Angehörigen, sich dieses „andere Leben" anzueignen und sich am Ende dafür auch noch verantwortlich zu fühlen. So wie jeder Mensch seinen eigenen Tod stirbt, lebt er – bestimmt durch innere und äußere Einflüsse und Lebensumstände – *sein Leben*. Auf der Bühne des Lebens sieht sich der Sterbenskranke noch einmal als Schauspieler und Regisseur seines gesamten Lebensdramas. Begleiter sind bloß Anwesende, bestenfalls stille, aber konzentrierte Zuschauer.
Dem biografischen Gespräch als eine Form der verbalen Kommunikation kommt ganz besonders in der Begleitung alter und verwirrter Menschen wesentliche Bedeutung zu. Frühe gefestigte emotionale Erinnerungen prägen sich im Gedächtnis ein. Wenn das Kurzzeitgedächtnis von Tag zu Tag schwächer wird, kommen umso klarer die frühen Erinnerungen aus der Kinderzeit zurück. Hochbetagte, die große Probleme mit dem Gehen, Sehen und Hören haben, ziehen sich häufig in ihre innerste Bilderwelt zurück, sehen und hören nur noch mit ihrem „inneren Auge" und „geistigen Ohr".
Wenn es darum geht, sich seine gesamte Lebensgeschichte noch einmal anzuschauen, tritt eine Konzentration auf das Wichtigste ein:

- Menschen, die das eigene Leben geprägt haben;
- Schwierigkeiten, die man gemeistert hat;
- Gefahren, denen man mit knapper Not entronnen ist;

- Werte, nach denen man sich ein ganzes Leben ausgerichtet hat;
- Entwicklungen, die man gemacht hat, oft unter großen Schmerzen und Anstrengungen;
- interessante und schöne Reisen;
- politische Ereignisse;
- Wendepunkte im Leben;
- Schicksalsschläge, Erlittenes und Gestaltetes.

Jede Form von Lebensrückschau ist Vergangenheitsbewältigung angesichts des nahenden Todes. Diese Lebensbilanzierung erlebt der alte Mensch, aber auch die pflegende Person selbst oft *bewegt*, oft *trauernd*, manchmal auch *beglückt* oder einfach nur *dankbar*.

Biografische Fragen und Merkmale

Woran erinnert sich nun eine Person? Nach welchen Schlüsselereignissen kann man fragen?
Diese Zusammenstellung erhebt keinen Anspruch auf Vollständigkeit, zeigt aber, wie viele Möglichkeiten es geben kann.

Heimat – wo bist du? Fragen nach der Ursprungsfamilie:

- Wo liegt der Geburtsort?
- Wer waren die wichtigsten Menschen im Leben?
- Wer waren die Großeltern?
- Wie wurde die Kinderzeit verbracht?
- Gab es Geschwister?
- Welche Berufe hatten die Eltern?
- Welche Spiele wurden in der Kindheit gespielt?

Lehr- und Wanderjahre: Mühsal oder Selbstverwirklichung?

- Wie wurde die Schulzeit erlebt?
- An welche Geschichten und Begebenheiten gibt es noch Erinnerungen?
- Welche Gedichte und Kinderreime mussten erlernt werden?
- Welcher Beruf wurde erlernt?
- Wo wurde eine Arbeit gefunden?
- Welche idealisierten Berufswünsche sind versagt geblieben?
- Wo wurde „Schattenarbeit" (d.i. offiziell nicht anerkannte Arbeit) verrichtet?
- Was hieß es, „nur Hausfrau" zu sein?
- Gab es eine prägende Arbeitsbeziehung, ein wichtiges Arbeitsverhältnis?

Zufrieden mit dem Erreichten? Fragen nach der materiellen Sicherheit:

- Wann wurde das erste eigene Geld verdient? Was wurde damit gekauft?
- Welcher Lebensstandard war möglich?
- Welche Unterschiede zwischen früher und jetzt gibt es?

„Hier war ich als Kind zu Hause. Es war die glücklichste Zeit meines Lebens!"

Dem Leben einen Sinn geben:
- Was wurde schon alles in diesem langen Leben erlebt?
- Was hat besonders verletzt und gekränkt?
- Gibt es Erinnerungen an die glücklichste Zeit im Leben?
- Gab es ein Lebensmotto, ein Lieblingszitat?
- Welche Bedeutung hatten Rituale, Symbole und Metaphern?
- Welche Bedeutung hatten Gott, Himmel und Ewigkeit?
- Welche Hobbys gab es? Welche Aktivitäten wurden gern ausgeübt?
- Welche Musik, welche Literatur wurde bevorzugt?
- Gibt es noch Erinnerungen an besonders schöne Kino- und Fernsehfilme?
- Standen Theaterbesuche auf dem Programm? Wenn ja: wo und welches Stück?
- Was war die Lieblingsspeise?

Glück in Begegnungen erfahren? Fragen zur eigenen Familie:
- Was ist aus den Kindern, dem Lebenspartner/der Partnerin geworden?
- Wurde die Familie als bereichernd oder belastend erlebt?
- Welche Umstände haben dazu geführt, dass keine Familie gegründet werden konnte?
- Welche Freunde gab es und wo leben sie heute?

Eingebunden in ein soziales Netz:
- Welche Rolle spielten Politik und/oder Kirche im Leben?
- Gab es ein Engagement in einem Verein oder einer Partei?
- Wie hoch ist der Grad der Zufriedenheit mit dem Erreichten?

Einen Platz der Geborgenheit finden. Wo fand das Leben statt?
- Wo wurde im Laufe des Lebens gewohnt? Wie oft musste übersiedelt werden?
- Was wird mit dem Begriff „Heimat" oder „Zuhause" verbunden?
- Was war die schrecklichste, die schwierigste Wohnsituation?
- Welche Wege wurden gegangen?
- Welche gesellschaftlichen Schichten blieben verschlossen?
- Gab es eine prägende Wohnerfahrung?

Diese Aufzählung von möglichen Fragen ließe sich unendlich fortsetzen. Zu viele Fragen auf einmal verunsichern jedoch den alten Menschen und bewirken oft einen Rückzug durch Schweigen oder aggressives Verhalten. Die Begleiterrolle ist daher von Enthaltsamkeit geprägt und beschränkt sich lediglich auf einzelne Impulse, die gegeben werden müssen, damit der Redestrom nicht versiegt.

Tante
Klara ist heute
86 Jahre alt. Sie
wohnt schon seit
mehr als zwei
Jahrzehnten
bei ihrer
Nichte
in einer
großen,
hellen und
schönen Woh-
nung. Ganz besonders
glücklich ist sie über die
drei Kinder ihrer Nichte,
die für Leben und Abwechs-
lung im oft eintönigen Alltag der
alten Frau sorgen. Besonders
die kleine Susi hat Tante Klara
ins Herz geschlossen. Wenn die Fünfjäh-
rige vom Kindergarten kommt, erzählt sie immer
lustige Geschichten. Auch wenn die alte Frau nicht
alles versteht, weil sie auch schon schlecht hört, sie fühlt
sich eingebunden in „ihre" Familie. Tante Klara konnte nie eige-
ne Kinder haben. Manchmal hält sie die alte Baby-Puppe der
ältesten Tochter ihrer Nichte in den Armen und wiegt sie hin und
her. Seit sie im Rollstuhl sitzt, kommt die Hauskranken-
schwester zweimal am Tag vorbei und hilft der Nichte
bei der Pflege. Danach wird sie auf den großen□
Balkon mit den vielen Blumen gescho- ben. Am
Nachmittag stehen häufig Parkbe- suche
oder Einkäufe mit Tante Klara auf dem
Programm. Am meisten freut sie
sich auf die Torte in der
Konditorei an der Ecke.

Jeder Mensch hat eine Geschichte: Die 86-jährige Tante Klara.

Herr
Franz kam
als 77-jähriger ins
Pflegeheim: verbit-
tert und zurückge-
zogen, sparsam
und
geprägt
von einem
bescheidenen
Leben als klei-
ner Tischler. In der
neuen Welt findet er
sich überhaupt nicht
mehr zurecht. Er ist
oft laut und aggres-
siv, hortet Lebens-
mittel in seinem Nacht-
kästchen und hat wenig Kon-
takt zu den anderen Heim-
bewoh nern. Er spricht auch
mit□ dem Pflegepersonal
kaum, sucht immer
wieder seine Mut-
ter und möchte
immer nur das
Heim verlas-
sen und nach
Hause gehen.
Auf seinen
endlosen
Wanderun-
gen durch die
Gänge strei-
cheln seine
alten, rauen
Hände oft
zärtlich über
die Tisch-
platte aus
Holz im
hellen Speise-
saal.

Der 77-jährige Tischler Franz M.

Um bestimmte ausgeprägte Verhaltensmuster besser verstehen zu können, ist es auch wichtig, eine Antwort auf folgende Fragen zu erhalten.
Wie reagierte die Person auf:

- Krisen;
- Krankheiten;
- Alter und Alterungsprozesse;
- Verluste von vertrauten Personen (beginnend bei den jüngsten Verlusten);
- Verlust des Zuhauses und der Arbeit;
- Aufnahme in das Pflegeheim oder Krankenhaus.

Wichtige Haltungen für eine gelungene Biografiearbeit
In der Gegenwart spiegeln sich Vergangenheit und Zukunftswünsche. Dabei bestimmt der erinnernde Mensch Tempo, Zielrichtungen und Unterbrechungen. Er ist der „Bergführer", und der Zuhörer sollte auf seinen Spuren wandern. Daher darf dieser den Rhythmus nicht unterbrechen, sondern soll versuchen, in angemessener Weise mitzuschwingen.

Hilfreiche Fragen zu inneren Haltungen sind:
Wie stehe ich zum Erzählenden?
Welches Interesse habe ich an ihm/ihr?
Entdecke ich liebenswerte Züge?
Gelingt mir Zuwendung oder bedeutet diese Arbeit nur Mühe?

Biografiearbeit gelingt nur, wenn sie mit Lust und dosierter Neugier verbunden ist. Dann wird Berührung möglich und ein echtes Mit-Leben entsteht. Gelungene biografische Kommunikation führt dazu, dass die Rollen zeitweise umgedreht werden. Hat jemand seine Geschichte „auserzählt", so wird er neugierig auf den Menschen, der ihm hörend oft sehr lange zur Seite gesessen ist. Dieser Begleiter wiederum muss bereit sein, das erfahrene Vertrauen zurückzugeben. Dann wird Lebensgeschichte mit Lebensgeschichte verglichen, nicht jedoch gewertet.

Biografiearbeit, die nach vorn gerichtet ist, muss sich auch abarbeiten am Unvermögen. Friedrich Hebbel hat dies so treffend ausgedrückt: *„Der ich bin, grüßt traurig den, der ich sein könnte."* Mit den Gefühlen des individuellen Scheiterns muss man sich dabei genauso auseinander setzen, wie mit jenen Möglichkeiten, die sozial, historisch oder gesellschaftlich einfach nicht möglich waren. Wer sich daher auf die Lebensgeschichte des anderen Menschen einlässt, wird versuchen, das Scheitern vorsichtig zu spiegeln, es nicht unter einen depressiven Teppich der Erinnerungen zu kehren, sondern der Darstellung des Lebens Kontur zu geben und alles Unvermögen ausagieren zu lassen.

Kinder & Verwirrte: Wundersame Begegnungen in einer anderen Welt

Leider erleben Kinder und Jugendliche auch heute noch alte Menschen in ihren Begegnungen mit ihnen als hilfsbedürftig, einsam und auf das Mitleid der Jüngeren angewiesen. Tatsächlich ist es so, dass Kindergartenkinder zu Ostern irgendwelchen Heimbewohnern Frühlingslieder vorsingen, oder Konfirmanden werden angehalten, zu Weihnachten den alten Menschen gute Taten angedeihen zu lassen, und im Rahmen von „Sozialprojekten" schieben Gymnasiasten Rollstühle durch den Park. Eigentlich schade, wenn man weiß, dass alte Menschen nichts mehr anregt als das Erzählen der eigenen Vergangenheit. Gerade zeitverwirrte Menschen brauchen „ihr" Publikum, um noch oftmals die geheimen Winkel und Orte ihres zurückliegenden Lebens zu durchstreifen und Streiche, Erlebnisse, aber auch Einschnitte ihres Lebens zu erobern, um sie dann endgültig loslassen zu können. Die unverwechselbaren Erinnerungen Alter und Älterer machen sie aber auch zu Experten der Zeitgeschichte, und so können ihre Geschichten den Unterricht junger Menschen bereichern, etwa in Geschichte, Sachkunde, Geografie oder Religion. Fächerübergreifender Projektunterricht ist damit gemeint, und dadurch könnten sich Alt und Jung als gleichberechtigte Partner erleben.
Die Unbekümmertheit der Kinder und die Fürsorglichkeit und Erzählfreude der alten Erwachsenen zusammengebracht, können zu einer positiven generationenübergreifenden Begegnung führen. Diese Arbeit geht über einmalige Auftritte hinaus und führt hin zu Projekten verschiedenster Art. Alte Menschen hingegen entdecken dabei wieder ihre kreativen Fähigkeiten und entkommen ihrem Alltag der Einsamkeit und Isolation. Dadurch kann sich auch ihr Gesundheitszustand verbessern. Das direkte und unkomplizierte Verhalten von Kindern und das große Bedürfnis nach Zuwendung von alten Menschen führen dazu, dass selbst verwirrte alte Menschen bereit sind, eine aktive Rolle (wieder) zu übernehmen und ihre Erfahrungen mitzuteilen. Wenn es gelingt, die Erinnerungen alter Menschen zu einem Geschenk zu machen, dann können sich auf Dauer

auch die Beziehungen zwischen den Generationen verbessern. Heute wissen Kinder und Jugendliche meist wenig über die harte und entbehrungsreiche Kindheit ihrer Großeltern und über die schwierige Lebenssituation während und nach dem Zweiten Weltkrieg. Auch die Großeltern haben sich auf die „verschwiegene" Rolle jener lieben Omis und Opis zurückgezogen, die finanziell immer dann einspringen, wenn die Eltern bestimmte Dinge für ihre Kinder nicht anschaffen können. Daher kommt es auch, dass die Hälfte aller Jugendlicher überhaupt nicht in der Lage ist, einen „Stammbaum" mit den Angaben zu den Großeltern auszufüllen. Um vor den oft kritischen Jugendlichen der eigenen Familie möglichst gut „dazustehen", beschönigen die Großeltern häufig ihren Lebenslauf oder sprechen erst überhaupt nicht über einschneidende Lebensereignisse wie den Zweiten Weltkrieg und die Mitgliedschaft in der NSDAP.
In einer dramatisch alternden Welt sind die Beziehungen der jüngeren zu den älteren Generationen nicht nur kontinuierlich neu zu überdenken, sondern auch immer wieder praktisch zu erproben. Kinder können zu „Katalysatoren" für verwirrte alte Menschen werden, denen es ohne Einsatz von „großartigen" Methoden gelingt, das Erinnerungsvermögen freizusetzen. Besonders gut kann dies durch gemeinsames Spielen gelingen. Geradezu ideal bieten sich die alten Brettspiele wie „Halma", „Mühle", „Dame", „Mensch ärgere dich nicht" an, ebenso einfache Kartenspiele wie „Quartett" oder „Uno". Manchmal gelingen auch noch anspruchsvollere Spiele wie „Activity" oder „Monopoly", vorausgesetzt, es finden sich genügend Spielteilnehmer, die noch in der Lage sind, die Spielregeln zu verstehen und zu akzeptieren. Es gibt aber auch eine Fülle von kleinen Kinderspielen, die schon die Großeltern spielten und die noch immer sehr beliebt bei Alt und Jung sind:

Fingerknobeln

Das Kind und der alte Mensch sitzen einander gegenüber und halten ihre Fäuste geballt in Brusthöhe hoch. Gleichzeitig strecken dann beide eine selbst gewählte Anzahl von Finger aus und nennen eine x-beliebige Zahl zwischen 1 und 25. Wer mit der genannten Zahl die tatsächliche Anzahl der insgesamt ausgestreckten Finger trifft, bekommt ein Steinchen oder ein Bonbon als Siegerpunkt. Vereinfacht kann man auch „Gerade – Ungerade" spielen. Dabei geht es nicht um die genaue Anzahl der ausgestreckten Finger, sondern nur darum, ob die entstandene Zahl eben gerade oder ungerade ist. Das Spiel endet, sobald alle Steinchen oder Bonbons verteilt sind.

Pantomime
Zumindest zu viert sollte man für das nächste Spiel sein, ideal eignen sich mehrere Kinder, Jugendliche, Erwachsene und alte Menschen, die in einem Kreis sitzen. Ein Spieler wirft einem anderen einen Ball zu und stellt eine Frage, die der angesprochene Spieler jedoch nicht laut durch die Sprache, sondern still durch Gesten beantworten muss. Erst wenn der Fragende mit der nonverbal dargestellten Antwort zufrieden ist, darf der Pantomime nun den Ball jemandem anderen zuwerfen und seine Frage stellen.

Beispiele für Fragen:
- *Womit beschäftigst du dich am liebsten?*
- *Welche Blume gefällt dir am besten?*
- *Mit welchem Tier würdest du gern dein Zimmer teilen?*
- *Was ist deine Lieblingsspeise?*
- *Welches Musikinstrument hättest du gern spielen gelernt oder spielst du?*

Unser größtes Tastorgan ist bekanntlich die Haut, die unter ihrer Oberfläche eine Vielzahl von Wahrnehmungssensoren besitzt. Über diese sensiblen Nervenzellen werden Berührungen an das Gehirn weitergeleitet. Diese „Kommunikationsform" ist die allererste in der Entwicklung eines Menschen. Im Kapitel „Nonverbale Kommunikation" wird darauf noch detaillierter eingegangen. In den Fingerspitzen, den Lippen und der Zungenspitze befinden sich die meisten Sensoren, um Reize an das Gehirn weiterzuleiten. Da der Tastsinn bis ins hohe Alter eine große Energie- und Informationsquelle bleibt, sorgen diese Spiele für Kinder und Alte für intensive und wieder neu zu entdeckende Erfahrungen.

Die Kunst am Rücken
Dazu können die beiden sitzen oder stehen, nur der Rücken des jeweiligen Partners sollte frei erreichbar sein. Mit dem Finger malt nun das Kind ein Symbol oder ein Gebilde auf den Rücken, z. B. eine Blume, die Sonne oder ein Haus. Der alte Mensch muss erspüren, was gemalt wurde, und dieses Bild entweder mit Wachsmalstiften zu Papier bringen oder einfach nur erzählen. Dann wird gewechselt. Gerade alte Menschen, die schon lange nicht mehr berührt wurden, empfinden diese Form des Spürens als besonders angenehm.

Schnuppererlebnis
In leere Filmdöschen oder kleine andere Gefäße werden unterschiedlich riechende Substanzen eingefüllt, wie z. B. Gewürze (Anis, Zitrone, Majoran,

Was duftet da so gut? Verschiedene Pflanzen und Gewürze zum Riechen.

Kümmel, Knoblauch, Zimt, Vanille, Kakao), Blüten (Lavendel, Rosen) oder auch frische Früchte (Erdbeer-, Bananen-, Apfelstücke) etc. Von jedem Geruch werden zwei Gefäße gefüllt. Ziel ist es, die Paare mit geschlossenen Augen zu „erriechen“ und gleichzeitig herauszufinden, welcher Duft von welcher Pflanze oder Lebensmittel stammt.

Baum, wo bist du?
Um dieses Spiel spielen zu können, müssen das Kind und der Erwachsene in einen Park oder ein Waldstück bzw. in einen Garten mit Baumbestand gehen (oder mit dem Rollstuhl geführt werden). Abwechselnd werden die Augen geschlossen. Während der blinde Spieler gut zuhören muss, beschreibt der sehende sehr detailliert einen Baum, den er ausgewählt hat. Nach der Beschreibung darf der blinde seine Augen öffnen und muss den Baum finden. Dann werden die Rollen gewechselt.

Gespielte Sprüche
Mit sehr beweglichen alten Menschen kann dieses Spiel gespielt werden. Jeder bekommt kleine Zettel und einen Stift. Dann sollen alle bekannten

Redensarten oder Sprüche aufgeschrieben werden, wie z. B.: „Den Faden verlieren", „Etwas auf die leichte Schulter nehmen", „Morgenstund' hat Gold im Mund", „Jemanden auf den Arm nehmen", „Die Ratten verlassen das sinkende Schiff", „Ein Auge zudrücken", „Jemanden an der Nase herumführen", „Der Apfel fällt nicht weit vom Stamm", „Wie der Vater, so auch der Sohn", „Wer anderen eine Grube gräbt, fällt selbst hinein", „Mit der Tür ins Haus fallen", „Sich etwas hinter die Ohren schreiben" ... Nach dem Vermischen zieht jeder Spieler einen Zettel, und der älteste Teilnehmer spielt „sein" Sprichwort den anderen vor. Wer zuerst errät, um welches es sich handelt, ruft es aus und darf als Nächster vorspielen.

Meditation
Zum Abschluss eine besondere Entspannungsreise – dazu braucht man einen warmen Raum und eine weiche Unterlage. Mit ausreichendem Abstand liegen Erwachsene wie Kinder bequem auf dem Boden auf einem dicken Teppich oder einer weichen Unterlage. Die Augen sollen geschlossen sein, und eine erwachsene Person sollte mit ruhiger Stimme zu einer Fantasiereise anregen. Um den Beteiligten genug Zeit zu lassen, sich das Erzählte vorzustellen und in Gedanken nachzuerleben, sollten nach jedem Sinnabschnitt einige Sekunden Pause gemacht werden (kleine Kinder und alte Menschen brauchen länger Zeit, um sich alles vorstellen zu können). Bei sehr intensiven Erlebnisschilderungen oder solchen, die viele Fantasien erzeugen, kann die Erzählung auch etwas länger (eine halbe Minute) unterbrochen werden. Breitet sich Unruhe aus, wird weitererzählt. Das richtige Gespür entwickelt man aber erst bei der Durchführung. Diese Fantasiereise dauert ungefähr zwanzig Minuten, sie trainiert die Vorstellungskraft und führt zu beruhigender Meditation.

Frühlingsreise im Heißluftballon
Lege dich ganz bequem und entspannt hin, kuschle dich auf deine Decke und schließe die Augen.
Atme ein paar Mal tief durch.
Achte darauf, dass du gut am Boden liegst und dich nichts drückt oder zwickt. Wenn dich etwas stört, dann verändere es.
Atme tief und gleichmäßig.
Stell dir nun vor, es ist ein herrlicher Frühlingstag. Die Sonne lacht vom blauen Himmel und erwärmt alles. Sie strahlt und lacht die Wiesen und Felder an, die Berge und Täler.
Während die ersten Sträucher schon blühen und Bienen anlocken, liegt der plätschernde kleine Bach noch immer unter einer dünnen Schneedecke.

Aber langsam löst sich auch das Eis aus seiner Starre und schmilzt dahin. Sogar die alten Mauern der Stadt können sich erstmals ein wenig erwärmen und nehmen die angenehme Wärme gern in sich auf.
Es liegt ein ganz besonderer Duft in der Luft. Der Wind fährt dir über das Gesicht und zerzaust deine Haare. Ein paar alte Blätter wirbelt er auch durch die Luft. Bald schon wird alles in zartem Grün leuchten.
Und die ersten Frühlingsknotenblumen und Schneeglöckchen blühen dann. Du freust dich schon auf Ostern, die Palmkätzchen, die bunten Ostereier und die ersten Schmetterlinge.
Dann schaust du zum blauen Himmel hinauf und siehst vor dir einen großen roten Heißluftballon. Noch ist er so weit entfernt, dass du nicht erkennen kannst, wie viele Personen in dem Korb sind. Du wünscht dir ganz intensiv, dass der Ballon näher kommt.
Langsam, langsam kommt er näher. Du siehst eine dickliche, rötliche Stichflamme, die ein zischendes Geräusch verursacht. Es heizt den Ballon auf. Nun kannst du erkennen, dass ein junges Paar im Heißluftballon fährt. Sie winken dir zu und werfen lachend eine lange Strickleiter nach unten.
Schwankend und langsam kletterst du nach oben. Du freust dich sehr, endlich einmal mit einem solchen Ballon durch die Lande zu reisen.
Die Flamme erwärmt die Luft in dem Ballon und lässt ihn weiter nach oben steigen. Dir wird ganz warm ums Herz.
Du bist begeistert, denn unten wird alles kleiner und kleiner.
Dort in der Ferne schlängelt sich ein schmales, dunkles Band: Manchmal glitzert der Fluss, manchmal verschwindet er ganz im Dunkelbraun der Landschaft.
Auch die Stadt, über die du nun gleitest, ist winzig. Rote Dächer schmiegen sich aneinander, und du siehst viele Kamine. Die ansonsten so breiten Straßen voller Autos lassen sich nur erahnen, sehen kannst du so hoch oben nichts mehr genau.
Ein großer Schwarm weißer Gänse fliegt ganz nah kreischend am Ballon vorbei. Sie kommen aus dem Süden, wo es im Winter wärmer war. Nun wollen sie hier bleiben. Sie begrüßen dich mit ihrem lauten Geschrei.
Du spürst den Wind und die ersten warmen Strahlen der Sonne.
Du bist glücklich und fühlst dich frei.
Nach einiger Zeit möchtest du wieder auf den Boden zurück.
Langsam gleitet der Ballon zur Erde. Er landet zwischen den Häusern auf einem ruhigen Platz.
Du verabschiedest dich von dem jungen Paar und winkst ihnen zu, während ihr Ballon schon wieder steigt. Gleich sind sie am Himmel zwischen den Dächern verschwunden.

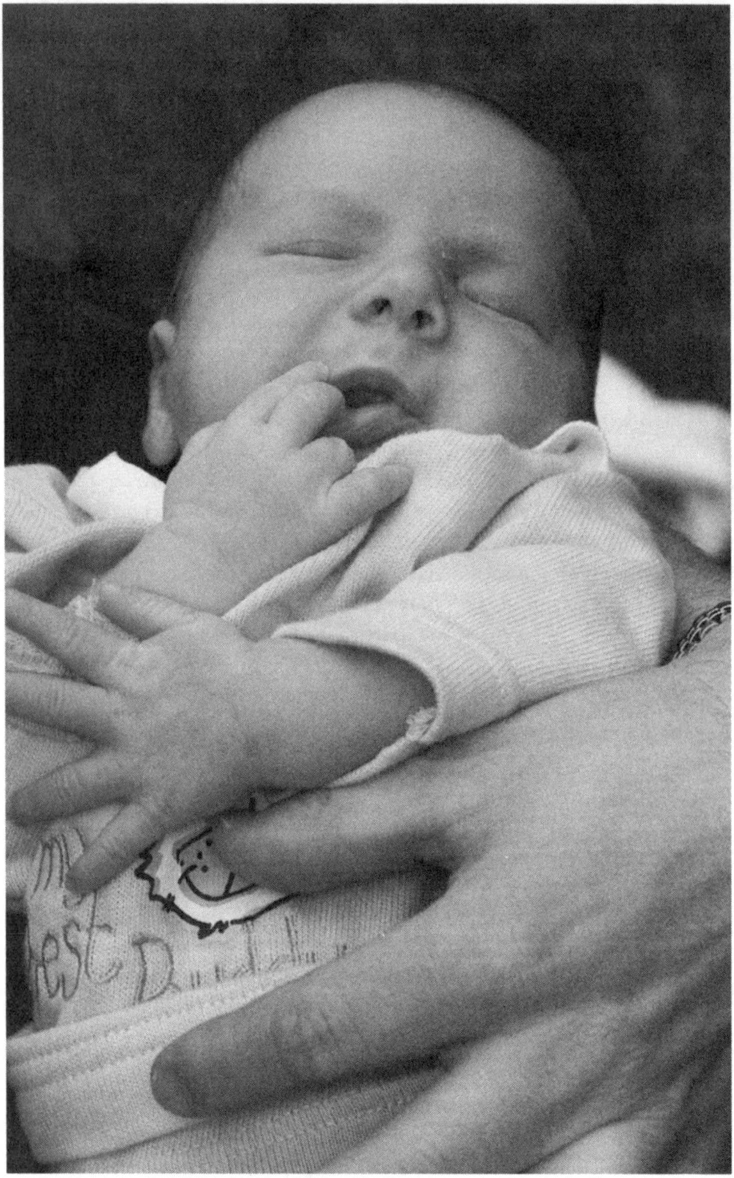

Ein Kind im Arm zu halten weckt alte Erinnerungsspuren an eine Zeit der Geborgenheit.

Du aber bist gut gelandet und machst dich auf den Weg hierher.
Wieder angelangt auf deiner weichen, warmen, wohligen Decke ruhst du dich von deiner Reise aus.
Dann streckst du dich, gähnst vielleicht und erinnerst dich, wie dieser Ort um dich herum aussieht.
Du weißt wieder, wo du dich befindest, erinnerst dich an die Möbel, die Fenster, Türen und Bilder. Der Raum hier ist dir vertraut.
Nun fallen dir auch die Gesichter von jenen Menschen ein, die mit dir hier am Boden liegen. Du erinnerst dich an ihre Namen.
Langsam öffnest du deine Augen und freust dich, hier zu sein.
Herzlich willkommen daheim!
Am Ende dieser Fantasiereise angelangt, brauchen die Reisenden etwas Zeit, um sich wieder langsam an die Umgebung und die Realität zu gewöhnen und auch um die Augen zu öffnen. Es ist ratsam, alle sich kräftig strecken und dehnen zu lassen und durch ein geöffnetes Fenster frische Luft in den Raum zu lassen. Im Anschluss daran können interessante Gespräche darüber entstehen, wer was wie und wo erlebt hat und welche Vorstellungen entstanden sind. Solche Fantasiereisen lassen sich zu allen möglichen Themenkreisen entwickeln und können in der Gruppe, aber auch mit Einzelpersonen durchgeführt werden.

Weniger aufwendig, weil kürzer und auch mit sitzenden Personen durchführbar, ist die
Baummeditation
Die Teilnehmenden sollen entspannt sitzen und mit den Füßen gut am Boden verankert sein.
Atmen Sie nun einige Male tief durch.
Ihre Hände liegen ganz ruhig auf Ihren Oberschenkeln.
Stellen Sie sich nun vor, Sie sind ein großer und stattlicher Baum.
Tief ragen die Wurzeln in die Erde. Von dort bekommt der ganze Baum Nahrung und Wasser.
Die Rinde des Baumes weist viele Einkerbungen und Narben auf.
Es ist ein dicker Stamm, den man mit den Händen kaum umfassen kann.
Die Äste sind weit verzweigt. Neben jungen frischen Trieben ragen auch schon alte, fast morsche Äste zum Himmel.
Vielleicht sind Sie ein blühender Baum im Frühling.
Fröhlich flattern junge Vögel in Ihrem Geäst umher. Bienen summen von Blüte zu Blüte. Es geht ein wunderbarer Duft von diesem Baum aus.
Oder Sie sind ein Obstbaum mitten auf einer Sommerwiese.

Ein Apfelbaum mit herrlich roten Früchten. Ein Buntspecht klopft vergeblich an ihrem breiten Stamm. Kinder kommen und klettern auf die untersten Äste. Sie holen sich besonders schöne Äpfel, die unter den grünen Blättern versteckt sind.
Vielleicht sind Sie aber ein wunderschöner herbstlich gefärbter Laubbaum. Ein Ahorn mit roten und gelben Blättern. Der Wind spielt mit Ihren Ästen. Am Himmel tanzen viele Wolken. Ein großer Schwarm Krähen fliegt kreischend Richtung Süden. Die Kinder lassen ihre bunten Papierdrachen steigen.
Oder Sie sind ein einsamer Tannenbaum im Winter.
Weißer, glitzernder Schnee bedeckt das ganze Land. Es ist bald Weihnachten. Ein verschrecktes Eichkätzchen verschwindet wieder in seiner warmen Höhle. Es liegt eine feierliche Stimmung über dem Land.
Sie versuchen nun noch einmal, das Bild Ihres Baumes in Ihrem Gedächtnis festzuhalten.
So entsteht ein imaginäres Foto von diesem Baum.
Langsam verabschieden Sie sich von diesem Baum.
Sie atmen tief ein und aus und kommen langsam wieder zurück.
Sie öffnen die Augen und strecken sich.
Wieder in Ihrer vertrauten Umgebung angekommen, erzählen Sie uns von Ihrem Baum:
Welcher Baum in welcher Jahreszeit waren Sie?
Wo standen Sie?
Was haben Sie erlebt?

Nonverbale Kommunikation: Die beruhigende Sprache der Berührung und Stimulation

Sehr alte Menschen, die von ihrer Außenwelt keinerlei Anregungen mehr annehmen, die körperlich und geistig weiter verfallen, wandern oft in ihrer Erinnerung so weit zurück, bis sie bei jenen Klängen und Bewegungen angelangt sind, die noch vor den ersten Worten in ihrer Kindheit stattgefunden haben. Verwirrte Menschen haben oft ihre „Rüstung" verloren, sie können nicht mehr gut sehen und hören. Dadurch bekommen sie über diese Organe auch keine Anreize mehr und keine Informationen. Sie haben das Bedürfnis, die Gegenwart eines anderen Menschen zu spüren. Sie haben keinen Begriff mehr von der Uhrzeit und sind oft nicht mehr in der Lage, Personen zu erkennen. Sie unterscheiden nicht mehr zwischen Personen, die sie ihr Leben lang gekannt haben, und solchen, die sie noch nie zuvor gesehen haben. Da verwirrte Menschen Fremde in ihre Welt einbauen, kann auch eine Pflegeperson im Heim oder die Nachbarin für sie zu einem geliebten Menschen aus der Vergangenheit werden.
Dort, wo Worte nicht mehr ankommen können oder in ihrer Bedeutung nicht mehr richtig eingeordnet werden, gewinnt der *direkte Körperkontakt* an Bedeutung. Einen anderen Menschen zu berühren ist etwas sehr Intimes, und alle Pflegenden sollten immer berücksichtigen, dass manche Personen nicht berührt werden wollen. Man muss immer den persönlichen Raum eines Menschen akzeptieren.

In einem bestimmten Stadium ihrer Demenz ersetzen Hochbetagte die Sprache oft durch Bewegungen, die sie früh gelernt haben. Sie haben dann nur noch ein sehr unscharfes Bild von sich selbst.
Körperliche Merkmale sind:

- Sie sprechen nicht mehr in verständlichen Sätzen;
- Laute aus Kindheitstagen werden eingesetzt: auch Schnalzen mit der Zunge, Heulen, Singen;
- Gefühle werden über ständig wiederholte Bewegungen ausgedrückt – das können auch immer wiederkehrendes Schreien, Klopfen, Klatschen oder Wiegen des Oberkörpers sein;

- Sie antworten nur dann, wenn sie durch Berührung, Augenkontakt oder durch den Klang der Stimme stimuliert werden;
- Die Augen dieser Patienten können halb geschlossen oder offen sein, aber immer ohne ein bestimmtes Ziel, sie sind sehr unkonzentriert;
- Sie sind inkontinent und wissen nichts mehr über den tatsächlichen Zustand ihres Körpers;
- Auch die Fähigkeit zu lesen und zu schreiben ist vollständig verloren gegangen;

Aber sie können immer noch singen.

Psychische Merkmale:

- Sie erinnern sich sehr genau an ihre ersten Erfahrungen, aber sie können sich nicht mehr an das erinnern, was vor kurzem geschah;
- An Namen oder Gesichter können sie sich überhaupt nicht mehr erinnern;
- Sie sind immer nur für einen kurzen Augenblick aufmerksam;
- Es beginnt ein beständiger Rückzug in eine innere Bilderwelt;
- Ihre Gefühle äußern sie oft völlig unkontrolliert.

Bevor ein langes Leben zu Ende geht, kann es sein, dass sich Menschen völlig von der Außenwelt abkapseln und sich ganz zurückziehen. Sie scheinen für ihre Angehörigen oder das Pflegepersonal oft nicht mehr erreichbar, als wären sie in eine andere, uns fremde Welt eingetaucht. Wenn dieses Stadium erreicht ist, dann sind direkte Gespräche nicht mehr möglich.

Körperliche Merkmale von diesen Personen sind:

- entspannte Muskel, immer geschlossene Augen;
- Ihre Körper sind zusammengesunken und unbeweglich;
- Sie liegen in ihren Betten oft zusammengekrümmt in der Haltung eines Fötus;
- Die Atmung ist flach, sie bewegen sich kaum und sprechen kein Wort mehr.

Die psychischen Merkmale bestehen darin, dass sich diese Menschen vollständig unserer Welt entzogen haben. Sie drücken kaum noch Empfindungen aus und sind nicht mehr in der Lage, eine Tätigkeit auszuüben.

Wenn sich Menschen aus dem Alltagsleben und unserer Welt fast völlig zurückgezogen haben, dann zählt nur noch die „Sprache der Berührung". Unsere *Hände* sind eines der wichtigsten Instrumente aktiver Kommunikation und auch ein Ausdrucksmittel für emotionale

Zustände. An den Händen eines alten Menschen haben sich die Stürme des Lebens wie Kerben eingeprägt. Sie machen deutlich, ob mit ihnen die meiste Zeit des Lebens schwer gearbeitet wurde oder ob sie in einem geschützten Büro Akten geordnet haben; manche Hände erzählen ganze spannende Lebensgeschichten. Auch über die *Augen* und den *Mund* lassen sich körpersprachliche Signale aussenden.

Nonverbale Kommunikationstechniken:
Menschen, die nervtötende Aktivitäten setzen, wie permanent zu schreien oder in die Hände zu klatschen, tun dies nicht, um das Pflegepersonal oder die Angehörigen zu ärgern. Sie müssen es tun, um ihre Geschichte und Vergangenheit aufzuarbeiten. Jede Begegnung mit ihnen sollte dennoch oder trotzdem von *Wertschätzung, Respekt und Verständnis* geprägt sein. Alle Menschen sind wertvoll, ganz gleichgültig, in welchem Ausmaß sie verwirrt sind.
Wir können davon ausgehen, dass es immer einen Grund für das Verhalten von verwirrten alten Menschen gibt. Dieses „Verhalten" im hohen Alter ist nicht nur eine Folge anatomischer Veränderungen des Gehirns, sondern auch das Ergebnis einer Kombination von körperlichen, sozialen und psychischen Veränderungen, die im Laufe eines langen und bewegten Lebens stattgefunden haben.
Besonders dann, wenn sprachliche Möglichkeiten nicht mehr vorhanden sind, kommt dem empathischen Einfühlungsvermögen größte Bedeutung zu. Damit das gelingt, müssen auch die persönlichen Einstellungen dem verwirrten alten Menschen gegenüber „stimmen":

- Sehr alte Menschen kann man nicht dazu zwingen, ihr Verhalten zu ändern;
- Man muss sie daher akzeptieren, wie sie sind, ohne sie zu beurteilen;
- Zu jedem Lebensabschnitt gehören bestimmt Aufgaben. Verwirrte, alte Menschen kämpfen darum, unbewältigte Aufgaben vor ihrem Tod noch zu erledigen. Das ist ihre und nicht unsere Aufgabe!
- Alle schmerzlichen Gefühle, die sich in einem ganzen Leben angesammelt haben, müssen herausgelassen werden;
- Mitgefühl und Einfühlungsvermögen führen zu *Vertrauen*, verringern Angstzustände und stellen die Würde des verwirrten alten Menschen wieder her. Mitleiden hingegen belastet nur die Begleiter und bewirkt keine Verbesserung des Zustandes für den Patienten.

Nun zu den möglichen Methoden:

- *Spiegeln von Gefühlen*

Bevor man die Bewegungen einer Person spiegeln kann, muss man sie sehr genau beobachten. Verwirrte Menschen teilen ihre Gefühle oft ohne jede Hemmung mit, oder sie verharren stundenlang in ein und derselben Bewegung (Klopfen, Klatschen, Wippen, Papierservietten zerrupfen, Bettzeug-glatt-Streichen ...). Die Beobachtung bezieht sich vor allem auf die

- *Augen:* Sind sie starr auf einen Punkt fixiert, wandern sie umher oder sind die Lider überhaupt geschlossen?
- *Gesichtsmuskeln:* Sind sie locker oder angespannt, gar verkrampft?
- *Atmung:* Ist sie flach oder tief, kurz und stoßweise?
- *Veränderung der Hautfarbe:* Hat der alte Mensch eine rosige Farbe oder ist diese weiß bis gelblich?
- *Unterlippe:* Ist sie nach außen gebogen, nach unten hängend oder zusammengepresst?
- *das Kinn:* Ist es wegstehend oder eher an den Hals gedrückt?
- *Haltung der Hände:* Liegen sie verkrampft im Schoß oder offen, welche Bewegungen werden mit ihnen gemacht?
- *den Bauch:* Steht er ein wenig weg, ist er eingezogen und kaum sichtbar?
- Die Beobachtung, die nicht wertend sein darf, bezieht sich aber auch darauf, wie jemand im Stuhl sitzt und wo dieser Mensch wie seine Füße hat usw.

Das Nachahmen, also Spiegeln von Körperbewegungen einer Person, geht einher mit dem vollständigen Einfühlen und Eintauchen in die Welt des verwirrten Menschen. Bloßes Nachmachen wäre zu wenig. Daher kann diese Methode, die man als Pflegeperson oder Angehöriger auch körperlich sehr stark wahrnimmt, immer nur kurz eingesetzt werden.

Wenn beispielsweise die Person auf und ab geht, geht auch der Begleiter auf und ab und versucht zusätzlich, in einen Gleichschritt zum Patienten zu kommen. Man passt sich seinem Schritt-Tempo und seiner Art des Gehens vollständig an.

Atmet der Patient heftig, so atmet auch jene Person, die als „Spiegel" fungiert, heftig.

Beispiele aus der Praxis:

Der Mann, der sich nie setzen wollte

Im Altenpflegeheim gab es einen Mann, der immer auf und ab ging, hin und her. Er lehnte es ab, sich zu setzen. Er schlief entweder in seinem Bett oder marschierte durch die Räume. Er wollte sich auch nicht an den Tisch setzen, um zu essen. Das Pflegepersonal und die Heimleitung hatten ein großes Problem mit ihm, da er weder bereit war, sich an den Mittagstisch zu setzen, noch wollte er am Abend das Abendessen zu sich nehmen. Die Schwestern redeten ihm gut zu, liefen dem Mann hinterher und versuchten, ihn mit allerlei Versprechungen in den Speisesaal zu locken. Doch der Mann gab weder eine Antwort noch zeigte er sich kooperativ. Er ging weiter auf und ab.

Da der alte Mann nicht bereit war, sein Verhalten zu verändern, begann sich in der Einstellung des Pflegepersonals einiges zu verändern. Sie gingen in seinem Fall von der Vorstellung ab, dass jeder Patient um Punkt 11.30 beim Mittagstisch und um 17 Uhr beim Abendtisch sitzen muss. Sie stellten an einem der beiden Endpunkte seiner Wanderschaft einen kleinen Tisch auf und reduzierten die Mahlzeiten auf Suppe, Salat oder Beilagen. Immer wenn der alte Mann dort vorbeikam, nahm er einen Löffel Suppe oder eine Gabel Reis zu sich. Mit der Zeit setzte er sich – zuerst unregelmäßig, später jedoch immer häufiger – wieder an seinen Platz im Speisesaal.

Frau Maria, die „Nervensäge"

Frau Maria ist 88 Jahre alt. Sie lebte bis zu ihrer Einweisung im Pflegeheim allein in ihrer Wohnung. Gelegentlich kümmerte sich die uneheliche Tochter um sie – einen echten und innigen Kontakt gab es zwischen den beiden Frauen allerdings nie. Als Frau Maria zweimal vergaß, die Herdplatte abzudrehen, und sie die Toilette im Treppenhaus nicht mehr rechtzeitig erreichte, musste sie ins Pflegeheim. Die Tochter besucht sie nur selten; mit ihren 68 Jahren ist sie selbst bereits kränklich und nach einer Hüftoperation gehbehindert. Frau Maria vermisst ihre vertraute Umgebung. Sie kann sich im modernen Heim nicht mehr zurechtfinden und wird bereits nach wenigen Wochen zur „Nervensäge" für das Pflegepersonal. In einem unergründlichen Rhythmus klatscht sie in die Hände oder klopft mit den Handknöcheln, bis diese bluten, auf die Armlehne ihres Holzsessels. Manchmal entschlüpfen ihr auch unerklärliche Worte.

Eine junge Lehrschwester nimmt sich der alten Frau an. Sie setzt sich genau ihr gegenüber, ihre Knie berühren sich fast. Sie versucht, das Geklatsche und Geklopfe zu spiegeln. Es gelingt erst beim dritten oder vierten Mal. Dann kommt sie gleichzeitig in den selben Rhythmus wie Frau Maria, hat die gleiche angespannte Haltung und den starren, gesenkten Kopf. In diesem Augenblick hält die Patientin für Bruchteile von Sekunden inne und hebt ihre Augen in Richtung Lehrschwester. Die junge Frau nimmt rasch die verkrampften, alten Hände in ihre, kommt näher und summt ein leises Kinderlied: „Still, still, weils Kindlein schlafen will. Still, still ..." Sie singt und summt abwechselnd und wiegt die mittlerweile ganz an sie gekuschelte Maria hin und her. Dieser Vorgang dauert nur wenige Minuten. Über das Gesicht der alten Frau fließen Tränen. Den restlichen halben Tag ist Frau Maria erstaunlich ruhig, auch in der Nacht gibt es keine besonderen Vorkommnisse. Erst am nächsten Morgen beginnt sie wieder mit ihrem „Konzert".

- *Berührungen*

Für Menschen, die sich völlig aus unserer Welt zurückgezogen haben, sind Berührungen die einzige Möglichkeit von Anteilnahme am Lebendigen schlechthin. Berührung kann tröstend, anregend, beruhigend wirken, gibt Halt und macht Körpergrenzen spürbar. Sie hilft, Veränderungen wie Wärme oder Kälte noch wahrzunehmen, und leitet Prozesse der Auseinandersetzung mit diesen ein. Berührung wirkt aber auch immer stimulierend für Körper, Seele und Geist. Was für

Bevor das Leben auseinander bricht, wollen alte Menschen noch einmal Verständnis, Wertschätzung und Berührung erleben.

das Neugeborene überlebensnotwendig ist – die streichelnden Hände der Mutter –, brauchen alte und verwirrte Menschen ebenso in einem großen Ausmaß wieder. Dies liegt in der Natur jeder Berührung, denn sie löst Reize aus. In der Begleitung von Menschen ist es besonders wichtig, sich der Bedeutung von Lebensraumgrenzen bewusst zu werden. Jeder Handgriff bei einem alten verwirrten Menschen – sei es das Waschen, Füttern, Wickeln oder „nur" Haarebürsten – löst nicht nur Reize aus, es stellt auch ein Betreten oder gar Eindringen in einen fremden Lebensraum dar. Um die Grenzen eines Patienten zu wahren, der sich hilflos allen Zweckberührungen aussetzen muss, sollte jeder „Übergriff" immer angekündigt werden. Gerade auch bei jenen Patienten, die uns nicht mehr antworten können.
Viele Berührungen des täglichen Alltags sind *Zweckberührungen.* Sie dienen einzig und allein der Erfüllung eines bestimmt Zweckes und werden auch als *Berufsberührungen* zum Unterschied von *Beziehungsberührungen* benannt. Alte Menschen tragen oft eine große Sehnsucht in ihrem Inneren, einmal berührt zu werden, um wieder ein Gefühl für Wärme, Liebe, Zuwendung und Geborgenheit entwickeln zu können. Berufsberührungen dienen in solchen Fällen auch immer der Kompensation des Verlangens nach echten Beziehungen oder menschlich berührenden Begegnungen.
Berührung kann auch immer *Schmerzen lindern.* So wie man das kleine Kind in den Arm nimmt und es streichelt, wenn es über die Treppe gestürzt ist oder sich mit dem Dreirad verletzt hat, brauchen auch alte und verwirrte Menschen oft Berührung in ihrem Schmerz, der Einsamkeit heißt. Sie betteln geradezu nach Zuwendung und Anerkennung.
Berührung ist jedoch nicht gleich Berührung. Damit Berührung als angenehm empfunden werden kann, sollten einige „Regeln" beachtet werden:

- Rasches, hektisches Berühren des alten Menschen steht dem Bedürfnis nach rhythmischen Bewegungen entgegen, die an die angenehmen Schaukelerfahrungen frühester Kindheit anknüpfen können;
- Ruckartige Bewegungen der berührenden Hand erzeugen Stress und Unbehagen;
- Kräftige Bewegungen stimulieren, sanfte Bewegungen entspannen.

Stimulation mit Gegenständen

Nicht nur durch die Berührung mit der Hand kann eine angenehme Stimulation „erzeugt" werden, sondern auch durch einfache Gegenstände aus dem Alltagsleben eines Menschen. Je eingeschränkter das Lebensumfeld wird, je weniger Möglichkeiten bestehen, an dem aktiven Lebenskreislauf der Natur teilzunehmen, desto wichtiger wird das Berührungserleben. Dabei können unterschiedliche Materialien und Gegenstände zum Ertasten der Welt eingesetzt werden als:

- Angebot zum differenzierten Greifen;
- Anregung zu Bewegungsspielen;
- Impulse für Bewegungserfahrungen;
- Erleichterung bei Bewegungsübungen.

Einige Materialanregungen:

- Bälle in verschiedenen Größen;
- Löffel, große und kleine Knöpfe, Ketten aus Holz- oder Glasperlen, Rosenkranz;
- Tücher aus Seide, Baumwolle, Kunstfaser;
- Holzbausteine, Stäbe;
- verschiedene Stoffreste, Gummimatten, ein Stück Teppichboden;
- warme, weiche Tier- oder Kunstfelle;
- Bürsten, Kämme, Rasseln aus Holz;
- geflochtene Körbe, Wolle und Leder, Schwamm;
- Klangkugeln und Glocken;
- einfache Musikinstrumente (z. B. eine Flöte);
- Spielkarten und Kinderspiele;
- Werkzeuge und Gegenstände aus dem Berufsalltag;
- den Bezug zur Jahreszeit herstellen: Frühlingsblumenstrauß – herbstliche Blätter, eine Hand voll Schnee – Äpfel;
- aus dem Küchenalltag: Schalen mit Reis, Haferflocken, Gerste, Zucker, Kaffee etc.

Hier sind der Kreativität keine Grenzen gesetzt. Die Welt der Berührungen in ihrer Buntheit und Unterschiedlichkeit sollte alten Menschen so lange wie möglich erhalten bleiben. Gerade wenn sie sich in schwierigen Aufarbeitungsphasen befinden, brauchen sie vertraute Bewegungen und Materialien.

Zum Abschluss nun drei ganz unterschiedliche Alltagsbeispiele, die deutlich machen, wie sehr alte Menschen an jenen Dingen hängen, die ihr Leben bestimmten. Daher ist es wichtig, über die Lebensumstände und Gepflogenheiten möglichst viel in Erfahrung zu bringen, damit ihnen lieb gewonnene Eigenheiten und Beschäftigungsmöglichkeiten auch an einen anderen Ort „hinübergerettet" werden können.

Die Knopfschachtel und das Stopfholz
Frau S. wohnt bereits seit vier Jahren in der Wohnung ihrer Tochter. Nachdem sie einige Male vergessen hat die Herdplatten abzudrehen, und den Mülleimer vor die Nachbarstüren geleert hat, nimmt ihre Tochter sie zu sich in die große Wohnung. Frau S. wuchs auf dem Lande auf und hatte selbst eine große Familie zu betreuen. Von den acht Kindern starben vier in jungen Jahren. Manchmal in der Nacht ruft Frau S. noch die Namen dieser Kinder. Sie vermisst ihre kleine Wohnung sehr und kann sich in der neuen Umgebung nicht gut eingewöhnen. Jeden Tag muss die Tochter ihre Mutter in die Küche führen; viele Male am Tag zeigt sie ihr, wo das Badezimmer und die Toilette sind. Frau S. durfte aus ihrer Wohnung viele Gegenstände mitnehmen: die alten Fotos, das Blumenbild aus dem Schlafzimmer, ihr Bett und ihr Nachtkästchen, Wäsche und auch Alltagsgegenstände wie die Gießkanne, mehrere schon verbeulte emaillierte Suppentöpfe und die Knopfschachtel mit dem Stopfholz. Abends sitzt die alte Frau gern in ihrem bequemen Sessel und streichelt liebevoll über das Stopfholz, mit dem sie für ihre Familie unzählige Socken geflickt hat. Oft rührt sie mit ihren alten, zittrigen Händen noch die Knopfschachtel um. Hierin sind die Erinnerungen eines ganzen Lebens: Die Knöpfe haben nämlich die meisten Kleidungsstücke und leider auch einige ihrer Träger, „überlebt". Durch die Finger purzeln dann Knöpfe aus Samt und Brokat, weiße Glitzerknöpfe von einem Brautkleid, bunte Holzperlen, große Mantelknöpfe und kleine Hemdknöpfe, einige haben glänzende Metallköpfe, andere wiederum sind aus Horn gefertigt und stammen von einem Trachtenanzug. Die alte Frau macht es glücklich, diese Dinge auch heute noch zu besitzen.

Opa und der Nachbarsgarten
Kathrin wohnt mit ihrem Mann und den dreijährigen Zwillingen in einer modernen Wohnhausanlage am Stadtrand. Die Wohnung ist groß und mit einer schönen Terrasse ausgestattet, von wo aus man einen wunderbaren Blick auf die ganze Stadt hat. Seit eineinhalb Jahren wohnt Opa Paul bei der jungen Familie. Der Vater von Kathrins Mutter steht nach dem Tod seiner Frau plötzlich allein da und kann sich mit seinen 75 Jahren nicht mehr selbst versorgen. In ein Pflegeheim will er auf keinen Fall. Da Kathrins Mutter ein eigenes Geschäft betreibt und noch immer berufstätig ist, entschließen sich die Enkelkinder, Opa bei sich aufzunehmen. Die Wohnung ist ja groß genug, und Kathrin will einige Jahre bei ihren Kindern zu Hause bleiben, daher kommt ihnen die regelmäßige finanzielle Unterstützung sehr

gelegen, die Opa mit seinem Einzug ins Gästezimmer mitbringt. Vom ersten Tag an findet sich der alte Mann in der für ihn ungewohnten Umgebung gut zurecht. Nur die Terrasse lehnt er ab; keinen Schritt setzt er hinaus. Obwohl er Blumen über alles liebt und selbst einen kleinen Gemüsegarten hinter dem Haus besaß, interessieren ihn die Balkonkisten mit den hübschen Gewächsen überhaupt nicht. Dafür spaziert er Tag für Tag die Straße entlang und bleibt oft stundenlang am Zaun eines Hauses stehen und schaut sehnsuchtsvoll in den Garten. Der Hausbesitzerin ist der alte Mann schon längst aufgefallen, als sie ihn hereinbittet und ihm den großen Garten zeigt. Sie lässt auch anklingen, dass sie dringend eine Hilfe benötigen würde, da sie allein mit dem Unkrautjäten, Ausschneiden und Gießen nicht mehr zurande käme. Da schlägt Opas Stunde. Jeden Tag von 8 bis 11 Uhr und am Nachmittag nach einem Schläfchen von 16 bis 18 Uhr findet er sich dort ein, um die Gartenarbeit zu erledigen. Er darf einen kleinen Bauerngarten anlegen und bringt im Sommer stets frisches Gemüse für die Familie seiner Enkeltochter mit. Sechs Jahre lang betreut er das Grundstück, dann erliegt er einem Herzinfarkt – an einem heißen Sommertag im Garten der Nachbarin.

Kräutergarten und Wäscheleine

Frau Katharina D. kann sich nur noch auf zwei Krückstöcken fortbewegen. Sie ist allein stehend und wird fallweise von ihrer Nicht besucht, die in einer anderen Stadt lebt. Sie selbst hat nie Kinder gehabt. Ihr Verlobter ist im Krieg gefallen und sie trauert ihm auch heute noch nach. Frau D. wohnte in einem alten Mietshaus, das mittlerweile abgerissen und wo anschließend ein moderner Wohnblock hochgezogen wurde. Unweit ihrer Wohnung besaß die alte Frau vierzig Jahre lang einen kleinen Schrebergarten. Dort pflanzte sie Kräuter, Blumen und Gemüse an. Für ihre besonders saftigen Tomaten und die herrlichen Bohnenschoten war sie in ihrem „Grätzel" (Stadtteil) beliebt und bekannt. Mit 77 Jahren musste sie ins Altenpflegeheim, da niemand da war, der sich um die alte Frau kümmern konnte. Ab diesem Zeitpunkt zog sie sich mehr und mehr zurück und war sehr aggressiv. Nach einem Gespräch mit der Nichte, die von ihrem Garten erzählte, beschloss das Pflegepersonal, Frau Katharina D. einen kleinen „Kräutergarten am Fensterbrett" anlegen zu lassen. Die Nichte fuhr mit ihrer Tante zu einer Gärtnerei, wo sie Cocktailtomaten, Majoran, Schnittlauch, Kerbel, Rosmarin und eine Paprikapflanze besorgten, Blumenerde und schmale Kistchen. Gemeinsam setzten sie die Pflanzen ein. Ein buntes Windrad, das dem jüngsten Sohn der Nichte gehört hatte, verschönte das Kräuterkistchen. Im Zimmer wurde eine kleine Gießkanne bereitgestellt, und Kathari-

na D. kümmerte sich voll Hingabe um ihren Garten in Miniaturausgabe. Doch etwas fehlte der alten Frau noch immer. Als eine Pflegerin sie im Rollstuhl nach draußen führte, erlebte sie eine unglaubliche Begeisterung bei dieser alten Frau – just in dem Zeitpunkt, als sie mit ihr an der Wäschespinne vorbeifuhr, auf der ein paar Geschirrtücher im Wind baumelten. Darauf angesprochen erzählt die Nichte, dass ihre Tante jahrelang in ihrem kleinen Garten die zu Hause gewaschene Wäsche von Familien trocknete, die sie für das Waschen und Bügeln bezahlten. So konnte sich die Tante zusätzlich zu ihrer Arbeit ein kleines Körberlgeld erwirtschaften. Die Pflegerin setzte nach Absprache mit der Stationsschwester eine mutige Tat: Über ihren Kräuterkistchen befestigte sie zwischen den zwei Fensterflügeln eine Wäscheleine und brachte viele bunte Wäscheklammern mit. Katharina D. war begeistert (ganz im Gegenteil allerdings der Verwalter des Altenheimes), aber ab nun flatterte immer ein Wäschestück auf ihrer kurzen Leine: einmal ein Taschentuch, dann eine Unterhose oder die Serviette.

Malen: Ausbruch aus einem inneren Gefängnis

Gerade dann, wenn Menschen nicht mehr bereit sind, mit anderen ins Gespräch zu kommen, können Begleiter auf die einfachen Methoden des Malens und Zeichnens zurückgreifen. Es geht nicht darum, „begnadete" Kunstwerke entstehen zu lassen, sondern den Menschen die Möglichkeit zu geben, ihre Gefühle in Farben und Strichen auszudrücken. Mit Ölkreiden, Bunt- oder Filzstiften können Stimmungen und innerste Regungen zu Papier gebracht werden. Diese Tätigkeit kann auch dann noch gut ausgeübt werden, wenn Patienten nur noch im Bett liegen.

Erinnerungsspuren über Musik, Gebete, Märchen und Düfte

Wenn die Worte verschwinden, kehren gut bekannte, früh gelernte Melodien wieder zurück. Etwas, was man früh gelernt und sich immer wieder eingeprägt hat, bleibt für immer im Gehirn gespeichert. Funktioniert das Kurzzeitgedächtnis nicht mehr, versuchen ältere Erwachsene ihr Leben wieder in ein Gleichgewicht zu bringen, indem sie auf frühe Erinnerungen zurückgreifen. Wenn die Sehstärke nachlässt, sehen sie mit dem „inneren Auge"; wenn ihr Gehör nachlässt, hören sie Klänge aus der Vergangenheit.
Im Langzeitgedächtnis „eingegraben" haben sich daher:
- alte Kinderreime und Volkslieder;
- alte Tanzmusik und Schlager;
- klassische Kompositionen;
- Opern- und Operettenmelodien.

Chopin und die Alzheimer-Patientin
Eine 70-jährige Alzheimer-Patientin besucht mit ihrer Tochter zur genauen Diagnoseerstellung die Praxis eines Internisten, um Möglichkeiten für eine effiziente Therapie zu erkunden. Die Frau geht und isst zwar noch selbstständig, aber für alle anderen Tätigkeiten ist sie auf die Hilfe der Tochter angewiesen: sich niederzusetzen, sich aus- und anzukleiden etc. Sie reagiert nicht auf Fragen oder Ansprache und gibt keinerlei Antwort.
Nach der Untersuchung durch den Internisten, als sie bereits auf dem Weg aus der Privatpraxis ist, der durch den Wohnraum führt, entdeckt die Tochter einen Flügel und erzählt, dass ihre Mutter selbst einmal Klavier gespielt habe. Der Internist bittet Tochter und Mutter ins Wohnzimmer und beginnt zu spielen. Die Patientin zeigt bei verschiedensten Melodien keinerlei Regungen. Als der Internist Chopin zu spielen beginnt, hellt sich ihr Blick auf und sie beginnt zu lächeln.
Der Arzt ist tief berührt von diesem Erlebnis und rät der Tochter, der Mutter hin und wieder Musik von Chopin über CDs vorzuspielen.
Nach Wochen trifft der Arzt den Gatten dieser Patientin und erkundigt sich nach dem Wohlbefinden der Frau. Der alte Mann erzählt freudig, dass er

nun selbst wieder zum Klavierspielen begonnen habe und seine Frau ihm sogar über eine längere Zeit gern zuhöre.
(Fallbeschreibung von Ilse Lipp, Graz)
Diese berührende Geschichte macht deutlich, wie wichtig es ist, etwas über die Biografie eines alten und verwirrten Menschen zu wissen. Seine Vorlieben für bestimmte Musikstücke stehen in Zusammenhang mit seiner Lebens- und Kulturgeschichte. Der alte Bergbauer wird andere Vorlieben musikalischer Natur haben als die Großstadtbürgerin. Es genügt daher nicht, einfach nur das Radiogerät aufzudrehen und für musikalische Berieselung zu sorgen. Jeder Mensch hat im Laufe seines Lebens einen eigenen Geschmack und Vorlieben für bestimmte Musikrichtungen entwickelt. Wenn es gelingt, das Lieblingslied eines verwirrten alten Menschen zu entschlüsseln, dann kann das Vorsingen oder Vorspielen wie ein „Türöffner" in das tiefste Innere wirken. Wohl vertraute Klänge geben nicht nur Sicherheit, sie beruhigen auch.

Beispiele für alte Volkslieder
Auf den Wegen des Lebens unterwegs:
„Hoch auf dem gelben Wagen sitz ich beim Schwager vorn.
Hurtig die Rosse traben, lustig schmettert das Horn.
Wiesen, Felder und Auen leuchten des Ährengold:
Möchte so gerne ruhn und schauen, aber der Wagen, der rollt.
(Alte Weise, aus dem Wandervogel überliefert)

Sehr vielen Menschen gut bekannt sind die alten Wiegenlieder:
Guten Abend, gut' Nacht, mit Rosen bedacht, mit Näglein besteckt,
schlupf unter die Deck. Morgen früh, wenn Gott will,
wirst du wieder geweckt.
(Worte aus „Des Knaben Wunderhorn", 1808; Weise nach Johannes Brahms)

Viele vertonte Texte erzählen die alte Geschichte von Liebe und Leid, von unerfüllbarer Sehnsucht. Ein Beispiel dafür ist aus der Sammlung deutscher Volkslieder, 1807, die Geschichte von den beiden Königskindern, die nicht zueinander kommen konnten:
Es waren zwei Königskinder, die hatten einander so lieb;
Sie konnten zusammen nicht kommen, das Wasser war viel zu tief, das Wasser war viel zu tief.

Die Geschichte erzählt von einer großen Liebe, die letztlich unerfüllt blieb und mit dem Tod der beiden Königskinder endet. Ähnliches

Mit ihrem Duft sind zwei verschiedene Jahreszeiten verbunden: Maiglöckchen und Frühsommer ...

Das reife Korn vor dem Schnitt und Herbst.

haben auch viele alte Menschen erleben müssen: Die geliebten Partner durften aus religiösen oder Standesunterschieden nicht geheiratet werden, viele Männer und Frauen überlebten den Weltkrieg nicht, oft trennten sich Wege für immer. Wenn die alten Bilder in ihrer Klarheit vor dem inneren Auge wieder Platz greifen, dann kommen auch die Erinnerungen an diese verloren gegangenen Menschen und Beziehungen wieder.

Gebete, Gedichte, Märchen und Mythen

Auch die Gedichte und die langen Balladen, die alte Menschen während ihrer Schulzeit in jungen Jahren auswendig lernen mussten, bleiben – oft nur bruchstückhaft – im Altgedächtnis haften. Gebete wie das „Vater unser", „Rosenkranz", besonders jedoch die Schutzengel-Gebete oder Fürbitten können auch dann noch immer gesprochen oder gedacht werden, wenn der alte Mensch mit seiner Umwelt schon ganz abgeschlossen zu haben scheint.

Die alten Hausmärchen der Brüder Grimm eignen sich nicht nur zum Vorlesen für Kinder, um ihre Fantasie anzuregen, sondern können auch bei verwirrten alten Menschen wundersame Erinnerungsspuren in ihre Kindheit zurücklegen. Die magische Welt der Märchen hilft dann, belastende Ängste und unerfüllte Wünsche auf die Märchenfiguren und -geschehnisse zu projizieren. Diese Möglichkeit schafft Erleichterung und beruhigt den Gemütszustand. Das Geschichtenerzählen ebnet auch den Weg zurück in die Kinderzeit, wo dieser alte Mensch vielleicht sehr geborgen am Schoß der Großmutter saß und in die Welt der Märchen und Mythen eintauchen konnte.

Der Geruchssinn bleibt erhalten

Auch Düfte stehen immer in enger Verbindung mit der Geschichte eines Menschen. Der Geruch einer geschälten Orange erinnert die alte Frau vielleicht an Weihnachten, das Lavendelöl in der Duftlampe an Sommer und Garten und der frische, noch warme Gugelhupf an Großmutters Küche. Gerüche können daher das Wohlbefinden steigern und angenehme Erinnerungen auslösen. Dabei geht es aber nicht um die Lieblingsdüfte der Begleiter, sondern um die Wünsche und Bedürfnisse des Patienten, der im Laufe eines langen Lebens bestimmte Vorlieben, aber auch Abneigungen entwickelt hat.

- Veilchenduft kann an das erste Parfum erinnern oder an schöne Maitage;
- Pfingstrosen an den Frühsommer und das Kirchenfest;

- Narzissen und Tulpen, Schneeglöckchen und Hyazinthen an den Frühling;
- Sonnenblumen an den Sommer;
- Rosen an eine sehr glückliche, verliebte Zeit;
- Gänseblümchen und Rosmarin an Heimat etc.

„Ein alter Baum lässt sich nur schwer umpflanzen“: Betreuung in den eigenen vier Wänden

Das Symbol mit dem alten Baum trifft besonders gut auf die Situation eines alten Menschen zu, der sich immer schwerer in seinem Alltag und in seinem Leben zurechtfindet. Wer von uns würde schon gern und freiwillig seine Wohnung verlassen, um in ein Altenpflegeheim oder an einen anderen Ort zu ziehen? Diese Vorstellung löst auch bei alten Menschen große Ängste aus. Eine alte Dame, die noch allein zu Hause lebt, erzählte mir kürzlich: „Ich habe mir das neue Altenheim gleich um die Ecke angeschaut. Es war furchtbar; ich konnte mit keinem der Bewohner sprechen. Alle saßen im großen Vorraum, der gleichzeitig der Speisesaal ist. Sie starrten mich mit leeren Augen stumm an. Ich hatte das Gefühl, das ist der Wartesaal zum Tod. Dort kann ich noch nicht hingehen!“
Solange alte Menschen noch einigermaßen über den Tag kommen, sollte man sie in den vertrauten vier Wänden ihr Leben leben lassen. Sie kennen die Umgebung, sind vertraut mit den Räumlichkeiten und verlieren sich nicht so leicht wie etwa in einem Krankenhaus oder auf einer Station im Pflegeheim. Wer selbst schon einmal in einem öffentlichen Gebäude „verloren gegangen ist“, weil ein Korridor dem anderen gleicht, oder wer im Krankenhaus zuerst das WC und danach das Patientenzimmer nicht mehr gefunden hat, der wird sich vielleicht insgeheim gewünscht haben, dass jener Architekt, der dafür verantwortlich ist, einmal im hohen Alter hier „ausgesetzt“ werden sollte!
Wenn wir von den verschiedenen Stadien der Verwirrtheit ausgehen, so scheint es möglich, bei leichter bis mittelschwerer Desorientiertheit den alten Menschen in seinen eigenen vier Wänden belassen zu können. Die Entscheidung darüber ist jedoch eine sehr subjektive, denn was heute noch möglich erscheint, kann morgen schon solche Schwierigkeiten verursachen, dass sich die Frage nach einem Platz im Altenheim oder die Aufnahme in die Familie unabwendbar aufdrängt. Doch auch für das Zu-Hause-Bleiben sind einige Dinge unerlässlich und auf jeden Fall zu beachten.

Sicherheit in der Wohnung:

Das ist wohl einer der wichtigsten Punkte und der gleichzeitig am schwierigsten durchzuführende. Die Wohnungen alter Menschen, vor Jahrzehnten dem damaligen Standard entsprechend, sind meist alles andere als sicher. Dazu kommt, dass die alten Menschen es nur ungern zulassen, dass etwas verändert wird, was ihnen durch so viele Jahre vertraut und selbstverständlich wurde. Dennoch sollten Familienangehörige und Betreuungspersonen darauf achten, dass

- keine Teppiche ohne rutschfestes Gitter auf den Böden liegen (auch Teppichfransen stellen eine große Gefahr zum Stolpern dar);
- Türschwellen von einem Zimmer zum anderen möglichst ausgeglichen und abgeflacht werden;
- keine losen Kabel und Schnüre herumliegen bzw. hängen;
- die gute alte Badewanne durch eine leicht begehbare Duschtasse ersetzt wird. Dabei sollten auch Haltegriffe und rutschfeste Gummimatten nicht vergessen werden;
- alte, klapprige Leitern entweder durch gut stehende neue ersetzt oder überhaupt ganz entfernt werden, denn das Herumturnen darauf kann für alte Menschen sehr gefährlich sein;
- möglichst wenige technische Mittel zum Einsatz kommen müssen (vielleicht die Wäsche regelmäßig zum Waschen holen oder in die Wäscherei bringen). Alte Menschen vernachlässigen oft ihr Äußeres dadurch, dass sie die Waschmaschine nicht mehr bedienen können und ein und dieselbe Bluse daher ständig tragen;
- der alte Herd durch einen neuen ersetzt wird, der sich mit der Zeit selbstständig ausschaltet, bevor die Platten überhitzt sind. Dieser „Austausch" wird jedoch nicht sehr leicht vonstatten gehen, da die alte Frau ganz besonders an ihrem Herd „hängen" wird, dessen Funktionalität sie schon seit Jahrzehnten kennt. Gelöst ist damit allerdings auch noch nicht das Problem, wenn alte Menschen Fett erhitzen und dann darauf vergessen ...;
- der Kühlschrank regelmäßig entleert wird, das heißt alte, schon schlecht gewordene Nahrungsmittel durch neue ersetzt werden. Durch das Horten von Lebensmittel, aber auch dadurch, dass alte Menschen oft den Überblick verlieren, kommt es immer wieder zu voll gestopften Kühlschränken, deren schimmelnde Lebensmittel auch zu einer argen Geruchsbelästigung führen, was von der alten Menschen überhaupt nicht, wohl aber von den Nachbarn wahrgenommen wird;

- zwischendurch die Wohnung gereinigt und die Fenster geputzt werden und der Mülleimer entleert wird. Wenn alte Menschen in ihren Wohnungen ganze Sammellager von alten Zeitungen, Schachteln oder leeren Flaschen anlegen, dann sollte man es im Guten versuchen und sie dazu bewegen, gemeinsam diese Depots zu lichten.

Sicherheit im Alltag:
Dabei ist darauf zu achten, dass
- die notwendigsten schweren Gartenarbeiten von Familienmitgliedern oder Außenstehenden erledigt werden. Dem alten Menschen sollte – wenn er es immer getan hat – ein Blumen- oder Gemüsegarten zur Verfügung stehen, in dem er den Kreislauf des Lebens direkt und körpernah erleben kann: Wenn das Samenkorn in die Erde fällt, bis es zu keimen beginnt, später dann Blüten oder Früchte trägt und im Winter sich unter die Erde zurückzieht;
- die Schuhe ordentlich passen. Das mag lächerlich klingen, doch viele alte Damen ziehen noch immer ihre Pumps mit Absatz an, in denen sie unsicheren Schrittes dahinwandeln, weil sich die Füße verändert haben und die Schuhe in den meisten Fällen zu groß geworden sind;
- „gefährliche Tätigkeiten" wie das Autofahren oder das Hantieren mit der Schneidemaschine unterlassen werden. Besonders der Abschied vom eigenen PKW, der ein großes Stück Freiheit und Selbstständigkeit bedeutete, ist für viele alte Menschen sehr schmerzlich. Dieser „kleine Tod" im Leben löst oft einen langen Trauerprozess aus. In den meisten Fällen wollen es die Betreffenden auch nicht wahrhaben, dass sie bestimmte Dinge nicht mehr so gut wie früher verrichten können.

Sauberkeit und ärztliche Versorgung:
Darunter versteht man u.a., dass
- bei Inkontinenzproblemen immer genügend frische Unterwäsche und ausreichend Einlagen vorhanden sind;
- ein guter Kontakt zum Hausarzt besteht und sich dieser nicht bloß nur auf das Verschreiben von Schlaf- und Beruhigungsmittel bezieht;
- regelmäßige Kontrollen beim Zahn- oder Augenarzt stattfinden. Nichts verwirrt alte Menschen mehr und macht sie aggressiv, als wenn die Dritten Zähne schlecht sitzen oder die Brillenstärke nicht mehr ausreichend ist.

- beim unweigerlichen Nachlassen des Gehörsinnes zeitgerecht ein Hörgerät angeschafft wird. Die Nachbarn werden es zu danken wissen, wenn Radio und Fernsehgerät nicht auf höchster Lautstärke laufen.

Diese Liste ließe sich noch lange fortsetzen. Je nachdem, wie sich das individuelle Umfeld eines verwirrten alten Menschen gestaltet, sollten zu seiner eigenen Sicherheit Maßnahmen gesetzt werden. Jede noch so kleine Veränderung bedarf aber eines großen Fingerspitzengefühls und vor allem einer langen Zeit der Vorbereitung. Immer wieder muss darauf hingewiesen werden, das „Problem" angesprochen werden, bis in einem „richtigen" Zeitpunkt das Einverständnis vorhanden ist, um zu seinem Schutz und zu seiner Sicherheit diese Maßnahme auch verwirklichen zu können.

Der Umgang mit der Realität und das Erleben der Wirklichkeit kann übrigens mit leicht verwirrten Menschen auch trainiert werden. Solche Übungsprogramme zeigen allerdings keine raschen und großen Erfolge, sie benötigen von uns Begleitenden sehr viel Geduld, Einfühlungsvermögen und Ausdauer. Gerade mit Menschen, die noch zu Hause wohnen können, sollten bestimmte Haltungen und Handlungen immer wieder aufs Neue geübt werden. Alles, was man dabei tut, sollte auf das Altgedächtnis des Verwirrten abgestimmt sein und stellt den Versuch dar, an Fertigkeiten und Fähigkeiten anzuknüpfen, die diesem Menschen ein Überleben von 70, 80 oder gar 90 Jahren ermöglicht haben.

Wenn ein alter Mensch die Welt um sich herum immer weniger versteht, dann müssen die ihm Nahestehenden oder das Pflegepersonal ihm diese Welt wieder verständlicher machen.

Orientierungshilfen in verschiedensten Bereichen können ihm dabei helfen, seine Identität und Würde wiederzuerlangen.

Einige Beispiele, die sich in der Praxis sehr bewährt haben:

- funktionierende große Uhren und ein großer Kalender, der deutlich macht, welcher Tag und welches Datum heute ist (allzu oft stehen verwirrte alte Menschen am Sonntag vor verschlossenen Rolläden bei ihrem Lebensmittelhändler oder dem Friseur, weil sie nicht wissen, dass heute „Ruhetag" ist);
- Schubladen in der Wohnung beschriften (Geld, Zähne, Dokumente etc.);
- Küchenkästchen beschriften (Gläser, Teller, Kochtöpfe etc.);
- Einkaufslisten schreiben lassen;

- wenn man etwa gekochte Speisen in den Kühlschrank oder die Speisenkammer stellt, ein schriftliches Verzeichnis in der Reihenfolge des Verzehrs erstellen;
- zum Telefon einen Block und einen Stift legen, damit der verwirrte alte Mensch Notizen machen kann, mit wem er gerade spricht, und vor allem weiß, was er an Terminen (z. B. für einen Ausflug) ausmacht.

Wichtig ist, dass dem alten Menschen möglichst lange seine Eigenverantwortung zugestanden wird. Nur wenn er sich selbst Tag für Tag herausfordert, bleibt er im Schwung. Je älter Menschen werden, desto größer wird die innere und äußere Starre. Flexible Handlungsabläufe sind dann nicht mehr zu erwarten, auch die Fähigkeit, sich auf neue Menschen einzulassen, um soziale Kontakte zu knüpfen, geht völlig verloren.

Um in Bewegung zu bleiben, kann auch ein ständiges *Trainieren von Handlungsabläufen des Alltags* helfen. Tägliche Verrichtungen werden dabei immer wieder besprochen und geübt, wie

- Wohnungstür auf- und zusperren;
- die Post vom Briefkasten holen;
- Betten machen;
- Geschirr spülen;
- das Bedienen von Geräten;
- Einheizen;
- Essen kochen etc.

Aber auch die Verkehrssicherheit kann dabei getestet werden, wie z. B. das Einhalten von Regeln. Vielen alten Menschen fällt es schwer, bei Rot an der Ampel stehen zu bleiben und erst bei Grün gehen zu dürfen. Sie wollen auch oft nicht am Schutzweg gehen, sondern ziehen es vor, quer über die Straße zu laufen.

Wenn die Eltern oder Großeltern noch in ihren eigenen vier Wänden bleiben können, dann sollten zur eigenen Entlastung und auch zur Verringerung von Gefahrenquellen *Hilfsmöglichkeiten von außen* in den Alltagsablauf integriert werden. So besteht beispielsweise in jeder größeren Stadt die Möglichkeit, sich ein *Mittagessen*, das auf die Bedürfnisse alter Menschen abgestimmt ist, vom Menüdienst („Essen auf Rädern") zustellen zu lassen. *Hauskrankenpflegedienste* bieten diplomiertes Personal für die medizinische Versorgung, aber auch Altenhelfer/-innen an, die beim Waschen, Putzen oder Kochen Hilfestellung anbieten. Sehr alte Menschen, die es gewöhnt waren, immer alles selbstständig zu machen, können oft nur schwer Hilfe annehmen.

Ein alter Baum lässt sich nicht mehr verpflanzen.

In den eigenen vier Wänden ist es doch am schönsten.

Daher sollten alle diese Dienste so früh wie möglich (am Anfang nur einmal in der Woche) in den Lebensalltag eingebunden werden. Wenn erst einmal eine Basis des Vertrauens entstanden ist, freuen sich die Betagten schon auf den Tag und können die Stunde kaum noch erwarten, in der „die Schwester" oder „der junge Mann mit dem Essen" kommt. Für einsame, isolierte Menschen oft die einzige Möglichkeit, „ihre" ganz persönliche Lebensgeschichte erzählen zu dürfen, weil jemand da ist, der ihnen auch zuhört.

Gerade was Speisen und Lebensmittel anbelangt, müssen Freunde und Verwandte ohnedies große Nachsicht üben und viel Verständnis aufbringen. Nicht selten bringt Oma verschimmelte, längst abgelaufene Schokolade oder alte Kekse mit; manche alte Frauen bekochen ihre Umgebung (Nachbarn, Freunde) mit verdorbenen alten Speisen. Es fällt nicht immer leicht, dies als nette Geste zu sehen und die verdorbenen Süßigkeiten oder Speisen still und heimlich zu entsorgen. Verwirrte alte Menschen tun dies nicht absichtlich oder gar aus Bosheit, sondern einfach deshalb, weil sie nicht immer nur Empfangende, sondern auch gern Gebende sein möchten. Leider übersehen sie dabei häufig Ablaufdatum oder Zustand der Lebensmittel.

In den Städten gibt es auch Organisationen (Rotes Kreuz, private Dienste), die rund um die Uhr tätig sind und *Armbänder* anbieten, die es dem alten Menschen ermöglichen, über einen Knopfdruck sofort Hilfe herbeizuholen, wenn sie gestürzt oder erkrankt sind. Auch der *aktiven Nachbarschaftshilfe* kommt dabei wesentliche Bedeutung zu. Es entlastet ungemein, wenn man weiß, dass sich die junge Frau vom vierten Stock hin und wieder um die eigene Mutter kümmert und mit der Tochter in telefonischem Kontakt ist. Sie achtet auch darauf, ob die Rollläden tatsächlich am Morgen hochgezogen werden und die Zeitung nicht mehr auf der Fußmatte vor der Eingangstüre liegt.

Herr P. und das Ticken seiner geliebten Uhren

Herr P. lebt mit seinen 94 Jahren noch immer in seiner geräumigen Altbauwohnung. Zwei Zimmer hat er an Studenten vermietet, die ihn auch mit Reparaturdiensten und Einkäufen unterstützen. Der alte Mann besaß vor Jahrzehnten einen Uhrenladen. Aus der ganzen Stadt kamen Kunden zu ihm, da er sich auf das Reparieren von alten Uhrwerken spezialisiert hatte. Bereits Mitte der 70er Jahre musste er jedoch sein Geschäft schließen, weil es sich nicht mehr rentierte. Zu Hause in seiner großen Wohnung empfing er noch bis vor wenigen Jahren Kundschaft, die ihm ihre alten Pendel- oder Kaminuhren mit den komplizierten Uhrwerken anvertraute. Heute sind seine Hände schon zu zittrig, um sich noch diesen feinen Arbeiten widmen zu können. Im Laufe seines Lebens hat Herr P. 200 Uhren gesammelt. Seine Wohnung ist ein tickendes und klingendes Museum. Jede dieser Uhren erzählt eine Geschichte, und Herr P. weiß noch ganz genau, wann und wo er dieses oder jenes Stück erstanden hat. Für den alten Mann wäre es undenkbar, sich von seinen Kostbarkeiten zu trennen. Noch ist es auch nicht notwendig: Die Hauskrankenpflege kommt zweimal die Woche bei ihm vorbei, das Essen wird ihm ins Haus gebracht, und wenn er einmal nicht fortgehen mag, bringen ihm die Studenten frisches Gebäck, Milch und Obst mit. Herr P. ist ein sehr glücklicher alter Mann!

Frau Erna und das Altenwohnheim
Für Frau Erna ist das private Altenwohnheim, das von Ordensschwestern betrieben wird, ihr Zuhause. Seit mehr als 20 Jahren ist die hochbetagte 97-jährige Frau an diesem Ort. Die alte Frau hat keine Familie mehr: Ihre Tochter starb im Alter von 50 Jahren an Brustkrebs, der Schwiegersohn verunglückte wenige Wochen darauf bei einem Verkehrsunfall. Die beiden Enkelkinder kamen damals zur „anderen" Omi, und Frau Erna hatte wenig Kontakt zu ihnen – dieser beschränkte sich nur auf regelmäßige Geldüberweisungen. Während der Enkelsohn später nach Amerika auswanderte, verschlug es die Enkelin nach Griechenland. Die Großmutter hörte nie mehr etwas von ihnen. Auch im Pflegeheim weiß man nicht, ob diese einzigen Verwandten der alten Frau überhaupt noch am Leben sind. Frau Erna machte aus der Not eine Tugend und lebte sich gut im Heim ein. Sie ist eine bescheidene und dankbare Frau und der erklärte „Liebling" des Pflegepersonals. Mittlerweile hat sie sich aus der Wirklichkeit zurückgezogen und lebt fast ausschließlich in ihrer eigenen Welt. Willig lässt sie sich im Rollstuhl zum Essen bringen, ist mit allen Pflegemaßnahmen einverstanden und klammert sich an die Hand eines jeden, der sich um sie kümmert. Frau Erna braucht jetzt am Ende ihres Lebens viel Zuwendung und Zuneigung. Ihre Würde findet sie hier, wo für sie gesorgt wird mit Nahrung und frischer Kleidung. Beim Verwalter im Safe liegt ein Sparbuch von Frau Erna. Für ihr Begräbnis hat sie schon alles geregelt. Für sie ist das Altenwohnheim ihr letztes, durchaus auch akzeptiertes Zuhause.

Allerdings gibt es viele Geschichten, die das Leben schreibt und die nicht so gut zu Ende gehen. Nachbarn und Familienangehörige sind oft überfordert und wissen zu wenig über altersbedingte Zustände. Zu rasch werden dann alte Leute, die nicht in das Schema eines „ordentlichen" Hauses passen, aus ihren eigenen vier Wänden hinaus-

gedrängt. Mag sein, dass oft die berechtigte Sorge anklingt, verwirrte alte Menschen würden alles „in Brand setzen" in ihrer Vergesslichkeit, würden ihre Wohnungen so hoffnungslos vernachlässigen, dass die Ratten angelockt werden, durch ihr oft stundenlang andauerndes „Gejammer" oder die vielen Gespräche mit sich selbst (weil eben keiner mehr da ist) schon längst verrückt sein, meistens steht jedoch der Wunsch dahinter, die lästigen Alten unbedingt ins Heim zu verfrachten. Berechtigte Anteilnahme und Nachbarschaftshilfe kann sehr rasch in Ablehnung und Verhetzung umschlagen. Wenn sich die Bewohner eines ganzen Hauses gegen eine alte Frau verschworen haben, die bereits seit vierzig Jahren in ihrer Wohnung lebt, die ihre eigenen Kinder und viel später mit viel Liebe die Nachbarskinder groß werden gesehen hat, die immer freundlich und hilfsbereit war, dann wird das „Märchen vom Altwerden in den eigenen vier Wänden" unmöglich und zum Albtraum schlechthin.
Eine Alltagsgeschichte dazu, die sich in dieser Form, hier und heute, also überall ereignen kann:

Inge T. und die Last des Alterns
Sie lebt seit vier Jahrzehnten in einem schönen, großen Altstadthaus. Viele Besitzer hat das Haus in den letzten Jahren gesehen – heute gehört es einem angesehenen Bankinstitut, das in letzter Zeit gerade für Seniorenkonten wirbt und die Ersparnisse der älteren Generation besonders gut „verzinsen" möchte. Inge T. ist die älteste Bewohnerin dieses Hauses, und sie hat auch viele Bewohner schon aus- und einziehen sehen. Ihre geräumige Wohnung im Hochparterre ist geradezu ideal für die mittlerweile 87-jährige Frau: Sie hat nicht allzu viele Stufen zu bewältigen, und das Badezimmer mit dem WC liegt direkt neben dem Schlafzimmer. Die Tochter und ein Sohn leben weiter weg, der jüngere Sohn mit seiner Familie wohnt jedoch ganz in ihrer Nähe. Früher besuchte sie ihre Schwiegertochter und die beiden Enkelinnen manchmal fast täglich, heute wird sie jeden Sonntag zum Essen ausgeführt. Aber auch unter der Woche kümmert sich die Familie regelmäßig um die betagte Mutter. Frau T. ist eine Frau, die viele schwierige Situationen ihres Leben durch Eigeninitiative gemeistert hat und sehr selbstständig Zeit ihres Lebens war. Eine „Alterssturheit" und ein gewisses „Verdrängen" der Realität haben auch bei ihr bereits eingesetzt. Eines späten Abends erreicht den jüngeren Sohn ein Anruf einer Nachbarin. Frau Mag. S. zeigt sich anfangs besorgt über den Zustand der alten Frau und will eigentlich nur helfen. Was im Augenblick erstaunlich erscheint, denn die alte Frau hat einen Oberschenkelhalsbruch und einen Armbruch in den letzten 16 Monaten er-

lebt und ist immer wieder ins Haus zurückgekehrt; damals hat niemand von den Nachbarn auch nur einmal angeboten, der alten Frau zu helfen. Im Laufe des Gesprächs eröffnen sich jedoch die wahren Hintergründe: Es könnte ja die Küche zu brennen beginnen, wenn sie weiter das Essen am Herd vergisst, und Geruchsbelästigung dadurch und durch andere Dinge wie nicht ausgeleerter Mülleimer oder Lebensmittel in der Küche ... Im Haus macht sich eine breite Front gegen Inge T. breit, und die Familie wird mit Vorwürfen konfrontiert, WARUM denn die alte Frau nicht schon längst in ein Altersheim gebracht worden sei!

Die Familie wird größer, weil Omi zu uns zieht: Gekonntes Krisenmanagement in schwierigen Situationen

Allgemeine Aspekte, Aus- und Einblicke
Wenn wir uns dem breiten Themenfeld „Familie und Pflege" zuwenden, so ergeben sich aus dieser spannungsgeladenen Thematik einige Aus- und Einblicke, die auch aufzeigen, welche sozialpolitische Brisanz dahinter steht. Als ich unlängst mit 15-jährigen Schülern zum Thema „Aktive Sterbehilfe" diskutierte, meldete sich ein Mädchen zu Wort: „Meine Oma war schwer krebskrank, die letzten drei Jahre siechte sie einfach so im Bett dahin. Meine Mutter ist durch diese intensive Pflege selbst krank geworden, und mein Vater ist von zu Hause ausgezogen. Für mich und meinen kleinen Bruder hatte niemand Zeit. Möchten Sie so enden?" Ehe ich eine Antwort darauf geben konnte, beantwortete das junge Mädchen die Frage schon selbst: „Ich nicht! – da möchte ich lieber gleich sterben. Aber so zur Last fallen und dann noch die schrecklichen Schmerzen, wie sie meine Oma hatte – nein danke!"
Alt werden – Lust oder Last? – das ist die Frage. Tatsache ist, dass die ältere Generation hierzulande im Vormarsch ist. In den nächsten drei Jahrzehnten wird der Bevölkerungsanteil der über 60-jährigen von derzeit einem Fünftel auf ein Drittel ansteigen. Das bedeutet, dass jeder dritte Mensch ein Alter von mehr als 60 Jahren aufwärts haben wird. Dazu kommt, dass in einer Familie gleich mehrere pflegebedürftige Generationen vorhanden sein können. Ein Beispiel dazu: Ein 28-jähriges Ehepaar mit zwei kleinen Kindern hat sechs Elternteile mit 51 Jahren aufwärts (davon sind zwei Stiefeltern), zwei Omis mit 74 und 76 Jahren und einen Opa mit 75 Jahren, dazu noch eine Uromi mit 94. Durch den so genannten Pillenknick steht die Alterspyramide auf dem Kopf, das heißt wenige Kinder und Jugendliche (machen nur noch eine immer dünner werdende Spitze aus), dafür ein „breites Fundament" an älteren und alten Menschen. Die steigende Lebenserwartung bringt jedoch keineswegs nur Jahre voll Vitalität mit sich. Je höher das Alter ist, desto höher sind auch die Aufwendungen, die für ärztliche Versorgung und Pflege getätigt werden müssen.

Durch die steigende Lebenserwartung ist auch mit einem deutlichen Ansteigen der altersbedingten Pflegefälle zu rechnen. Man sollte zwar nicht immer von der „Überalterung" der Gesellschaft sprechen und das so genannte „Defizitmodell des Alterns" beschwören, aber es ist nicht zu leugnen, dass im Durchschnitt mit dem höheren Alter auch das Krankheitsrisiko und das Problem von funktionellen Beeinträchtigungen deutlich zunehmen. Mit höherem Alter steigt auch die Wahrscheinlichkeit, verwirrt zu werden. Statistiken besagen, dass bis 2020 die Alzheimer-Erkrankungen um 43 Prozent zunehmen werden. Die Pflege verwirrter alter Menschen ist eine Aufgabe, die viel Energie, Einfühlungsvermögen und Nächstenliebe benötigt. Derzeit wird nur ein kleiner Prozentsatz der Pflegefälle in Heimen oder Spitälern betreut. Der Löwenanteil der Pflegeaufgaben wird nach wie vor von privaten Haushalten übernommen. 80 Prozent aller Hilfe und Pflege von Kranken, Alten und Behinderten leisten die Angehörigen. Familien erbringen vielfältige Leistungen im Zeichen der Humanität, der Verantwortlichkeit für andere, der Elternliebe, der wechselseitigen Achtung und zwischenmenschlichen Solidarität. Diese Versorgung und Pflege ist aber auch für andere Gesellschaftsbereiche – vom Arbeitsmarkt bis zum funktionierenden Gemeinwesen – von größter Bedeutung!
Der überwiegende Beitrag zur Erholung, Hilfe, Pflege und Stabilisierung der Familienmitglieder wird nach wie vor von *Frauen* geleistet, obwohl sich die Bedingungen geändert haben, da Frauen heute vermehrt erwerbstätig sind. Auch die Belastungen für die Familie sind größer geworden, einerseits durch die veränderten Haushaltsstrukturen – mehr allein erziehende Mütter, mehr erwerbstätige Frauen, mehr Einpersonenhaushalte, andererseits erreichen immer mehr Menschen ein höheres Alter und leben im Alter dann überhaupt allein, selten noch zu zweit.
Allerdings kündigen sich heute schon für die Zukunft Probleme an, denn die Veränderung der herkömmlichen Familienstrukturen und der Trend zu Einpersonenhaushalten wird zu einer Verminderung von familiären Pflegeressourcen und damit zu einem steigenden Bedarf an sozialen Hilfsdiensten führen.
Ziel jeder sinnvollen Sozialpolitik ist es daher, dass die Betreuung von pflegebedürftigen alten Menschen in ihrer vertrauten Umgebung ermöglicht werden soll. Allerdings treten in jeder Familie große Probleme auf, wenn jemand ernstlich erkrankt oder die Betreuung pflegebedürftiger alter Menschen ins Haus steht:

- *Zeitliche Probleme*: Pflege braucht Zeit; ebenso die Fahrten zum Arzt oder ins Spital; Rezeptbesorgung (vor allem bei chronischen Schmerzen); unerledigte Haushaltsarbeiten häufen sich.
- *Finanzielle Probleme*: erhöhte Krankheitskosten, Einnahmeeinbußen (wenn z. B. die Tochter zu Hause bleibt, um die alte Mutter zu betreuen); gar Verlust des Arbeitsplatzes und damit verbundene Existenzsorgen (wie können die Kreditraten für das Haus zurückgezahlt werden?).
- *Psychische Belastungen*: Umgang mit Krankheit und Trauer belastet die Angehörigen; Ängste (was wird noch auf uns zukommen?) führen oft zu Beziehungskrisen und Spannungen.
- *Physische Belastungen*: Durch die Pflege der Angehörigen entstehen große Belastungen, und die Alltagsbewältigung (z. B. mit schulpflichtigen Kindern, die ebenfalls Zuwendung und Unterstützung benötigen) wird schwieriger.

Jede Familie stellt ein Konglomerat aus vorgegebenen Beziehungen dar, die tief gehende und primäre Abhängigkeiten schaffen. Der Schwerpunkt einer Familie liegt bei verschiedenen Stadien des Familienzyklus: Ein junges Ehepaar mit einem Kleinkind muss sich anderen Lebensanforderungen stellen als ein Ehepaar in mittleren Jahren und zwei Teenagern oder einer Familie mit alt gewordenen Eltern. Kommt es zu Änderungen – z. B. durch Pflegebedürftigkeit nach Krankheit oder Tod eines Familienmitgliedes –, so treffen diese immer die gesamte Familie. Alle Familienmitglieder sind gleichermaßen angesprochen, und diesen Krisen entgeht niemand. Wird Hilfe von außen angenommen, so gerät auch diese in das individuelle Familiengeflecht und ist mit den aktuellen Lebensproblemen konfrontiert. Daher ist es wichtig, immer schon vorab eine *Aufgabenklärung* in die Wege zu leiten, um sich folgende Fragen zu stellen:

- Wie schaut unsere Familienstruktur aus?
- Wer braucht Pflege in welchem Ausmaß?
- Wer kann diese Pflege übernehmen?
- Welche Aufgaben fallen noch an?
- Wer kann noch in die Pflege eingebunden werden (bezahlt oder unbezahlt)?
- Welche Ressourcen stehen zur Verfügung?
- Welche Alternativlösungen gibt es (Seniorentagesheim, Intervallpflege etc.)?

Wichtig zu wissen ist, dass auch in der Familie nichts von allein geschehen kann. Es bedarf tagtäglich eines gewissen Maßes an Lenkung, damit die „Organisationstechnik" der Familie auch gut funktionieren kann. Jedes Familienmitglied hat daher zu einem bestimmten Zeitpunkt *seine Zeit, seinen Platz, seinen Körper, seine Fähigkeiten im Denken, Fühlen und Sprechen, seine Arme und Beine und sein Bewegungsvermögen, seine physische und emotionale Energie, sein Talent, seine Kompetenz, seine vergangenen Erfahrungen und seinen materiellen Besitz.* Dies bildet das „Rohmaterial", das eine Familie besitzt, um mit den Problemen des täglichen Lebens fertig zu werden. Daher muss die aufwendige, oft über Jahre andauernde Pflege und Begleitung verwirrter alter Menschen auch immer gut geplant und vorausschauend organisiert werden. Dazu müssen alle Familienmitglieder und eine Reihe außenstehender Personen miteinbezogen werden. Jede und jeder hat aufgrund *ihrer/seiner* Fähigkeiten, Fertigkeiten und Möglichkeiten *ihren/seinen Beitrag* zu leisten. Die Betreuungslast darf nicht einer Person allein aufgebürdet werden – sie würde darunter zerbrechen.

Viele Frauen mittleren und älteren Alters weisen aufgrund jahrelanger Belastung durch schwierige familiäre Pflegefälle bereits äußere Zeichen der Erschöpfung wie Bandscheibenvorfall und kaputte Rücken und innere Symptome wie Schlaflosigkeit, Nervosität, Erschöpfung auf.

Verwirrtheit und Leistungsabfall älterer Familienangehöriger stellen für die Familien eine Herausforderung besonderer Art dar, weil

- es zunächst zu einer langsamen, kaum merkbaren Abnahme der Gedächtnisleistung und zum Intelligenzverlust, zum Nachlassen der Leistung im Beruf, zum sozialen Rückzug kommt;
- Gefühlsschwankungen, wie Aggressionsausbrüche und Ängstlichkeit die Angehörigen erschrecken, verärgern und verunsichern;
- zunehmendes Misstrauen und ungerechtfertigte Beschuldigungen die Beziehungen belasten;
- der Kranke plötzlich eine befremdliche Anhänglichkeit zeigt als Zeichen seiner eigenen Verunsicherung;
- es zum Verlust praktischer Fertigkeiten kommt;
- sich kaum erklärbare, unlogische Handlungen und Ungeschicklichkeiten, Orientierungsschwierigkeiten im Haus und im Freien einstellen;
- durch zunehmend schlechter werdende verbale Kommunikation immer wieder Verständigungsschwierigkeiten auftreten, die einerseits zu Missverständnissen untereinander führen, andererseits aber auch bis in die soziale Isolation führen können.

Die Konsequenzen für betroffene Angehörige stellen daher einen Stress besonderer Art dar:

- häufige bis dauernde Anwesenheit wird notwendig;
- körperliche und psychische Überforderung;
- Vernachlässigung anderer Familienmitglieder (Kinder, Partner), Freunde oder Berufspflichten können zu einer Vereinsamung der Pflegeperson führen;
- finanzielle Belastungen durch die Pflege.

Psychische Überforderung entsteht durch:

- die Wesensveränderung des Kranken;
- ständig wiederholte Fragen;
- die Notwendigkeit, dem Kranken ständig hinterherzulaufen, eventuelle Gefahrenquellen zu beseitigen und ihm Orientierungshilfe geben zu müssen;
- unvorhersehbare Eskapaden und Aktionen des Verwirrten;
- häufigen Wechsel auf der Beziehungsebene (Eltern werden zu Kindern);
- zunehmende verbale Kommunikationsschwierigkeiten;
- mangelnde Anerkennung der Pflegeleistung durch die Familie und die Gesellschaft;
- immer weniger werdende Gesprächsmöglichkeiten mit der restlichen Familie, den Freunden, Nachbarn, Kollegen und ein damit verbundenes „schlechtes Gewissen";
- Selbstvorwürfe und Schuldgefühle (für die eigene Familie zu wenig Zeit zu haben);
- Schuldgefühle dem verwirrten alten Menschen gegenüber (zu wenig zu tun, vielleicht zu rasch aufbrausend oder zu ungeduldig zu sein);
- schlechtes Gewissen beim Gedanken daran, dass der Kranke es nicht mehr allein schafft, aber auch an fremde Hilfe oder gar ein Heim;
- Angst, zu egoistisch zu denken und zu handeln;
- Angst vor der eigenen Vergesslichkeit und die Frage: Was wird mit mir sein, wer wird mich einmal pflegen?

In diesem Zusammenhang sei allen pflegenden Familienangehörigen ein sehr bildhaftes Zitat des bekannten deutschen Sterbebegleiters Heinrich Pera ins Stammbuch geschrieben. Er spricht von drei Dingen, die für jeden Begleiter unabdingbar sind, um die richtige Balance zwischen helfender Nähe und heilender Distanz zu finden: *der Weg, der Tisch und der Berg.*

Weg bedeutet, dass jede noch so aufopfernde Begleitung – sei es nun bei einem Sterbenden über eine kurze Zeitspanne oder bei einem verwirrten alten Menschen über Jahre – bedeutet, dass sie einmal endet, also „weg" ist. Das heißt, sich als pflegender Angehöriger ganz intensiv mit den Gefühlen des Abschiednehmens und Loslassen auseinander zu setzen, um akzeptieren zu lernen, dass wir nur Begleitende auf „seinem" Lebensweg waren; wir durften ein Stück gemeinsam gehen, aber die allerletzten Schritte muss jeder für sich allein tun.

Am *Tisch* darf der alte, verwirrte, sterbende Mensch noch einmal seinen Rucksack voll Lebenserinnerungen aufschnüren und auspacken. Diese Lebensrückschau bietet dem Kranken die Möglichkeit, „Ordnung" zu schaffen und wichtige Dinge noch zu erledigen. Es ist immer auch Trauerarbeit, gemeinsam mit dem geliebten Vater oder der Mutter noch einmal auf jene Ereignisse zurückzublicken, die das Leben geschrieben hat.

Jeder Begleitende braucht aber auch seinen ganz persönlichen *Berg, seine Oase.* Hinter diesem Symbol verbirgt sich jener Ort, der nach stressigen Zeiten und großen Belastungsmomenten wieder Kraft und Zuversicht gibt. „Gönne dich dir selbst" – dieses Motto bedeutet, immer wieder die eigenen Batterien aufzuladen, sich Ruhe und Entspannung zu gönnen. Nur wem es selbst gut geht, der hat auch genügend Kraft und Geduld, einen anderen Menschen zu begleiten und zu betreuen!

Jedem pflegenden Familienangehörigen sollte daher bewusst sein, dass

- Selbstaufgabe um jeden Preis nicht angebracht ist;
- er selbst lernen muss, wie mit den eigenen Kräften vernünftig „gewirtschaftet" werden kann;
- man kein Egoist ist, schon gar nicht ein Versager, wenn man sich Hilfe von außen holt;
- jeder ein Recht auf Hilfe hat, ebenso auf Ausgleich und Freizeit.

Hilfe von außen ist oft unerlässlich und kann die Pflege in der Familie sinnvoll ergänzen, damit die Lebensqualität sowohl des leidenden Patienten als auch der pflegenden Angehörigen deutlich verbessert wird.

Hilfsangebote lassen sich überall finden. Einige Beispiele dazu:

- ärztliches Gespräch mit dem Hausarzt, dem Facharzt über das Wesen der Krankheit und den Krankheitsverlauf;

- Essen auf Rädern;
- Haushaltshilfen;
- Kontaktaufnahme mit geriatrischen Tages-, Kurzzeit- und Nachtpflegestätten;
- Rat, Hilfe und Mitarbeit von Alten- und Hauskrankenpflege;
- Kontakt mit Alzheimer-Angehörigen-Gruppen, neurologischen Stationen in Krankenhäusern, Gedächtnisambulanzen und auch Pflegeheimen;
- juristische Beratung zu den Bereichen Mündigkeit, Sachwalterschaft und Testamentserstellung;
- Aufsuchen von Familienberatungsstellen oder Familientherapeuten.

Diese Hilfen können wesentlich dazu beitragen, das Wesen der Krankheit besser zu verstehen und dadurch dem Patienten Lebensbedingungen in der Familie zu schaffen, die helfen, seine verloren gegangenen Fähigkeiten teilweise auszugleichen, ohne ihn völlig zu überfordern. Dazu ist es sinnvoll, innerhalb der Familie einen Plan aufzustellen, wer welche Aufgabe wann übernehmen soll. Am besten können sich pflegende Angehörige ihre Probleme von der Seele reden, wenn sie auf Menschen in gleicher Situation (Nachbarn, Freunde, Selbsthilfegruppe) treffen. Wichtig ist es aber auch, den verwirrten Menschen so früh wie möglich an mehrere Bezugspersonen zu gewöhnen, die vorlesen, spazieren gehen oder bei der Hausarbeit zur Hand gehen.

Von wesentlicher Bedeutung ist jedoch auch der *Mut zur Intervallpflege*. Jede Familie braucht einmal Entspannung und Urlaub, möchte ungestört den Tagesablauf planen ohne die ewige Rücksichtnahme auf die Bedürfnisse von Oma oder Opa. Aber auch die partnerschaftliche Beziehung, die bei der Pflege eines alten Familienmitgliedes auf eine harte Probe gestellt wird, muss wieder einmal gepflegt werden. Ein Urlaub ist aber nur dann erholsam, wenn die Pflegeperson sichergehen kann, dass in der Zwischenzeit der verwirrte alte Mensch „gut aufgehoben" ist. Altenpflegeheime und Krankenhäuser bieten eine solche Intervallpflege an – bis zu vier Wochen können die Patienten dort verbringen, während ihre Angehörigen den wohlverdienten Sommerurlaub genießen können.

Was kommt nun tatsächlich auf eine Familie zu, wenn verwirrte alte Menschen zu Hause betreut werden? Welche Zustandsbilder Verwirrter verhindern ein harmonisches Zusammenleben?

Verwirrte alte Menschen:

- haben heftige Gefühlsausbrüche als Zeichen von Überforderung und Stress durch zu viele Sinneseindrücke, Aggressionen und Depressionen;
- zeigen eine verstärkte soziale Anhänglichkeit, die sich oft als ein ständiges Hinterherlaufen als Ausdruck von Unsicherheit bemerkbar macht;
- verlieren ihr Gedächtnis und ihre Denkleistung;
- erkennen irgendwann einmal keine Familienangehörigen mehr;
- halluzinieren oft;
- erleben sich und ihre Umwelt in einem gestörten Tag-Nacht-Rhythmus – das bedeutet, dass sie in der Nacht unterwegs sind und tagsüber am liebsten schlafen würden;
- haben auch Wahnvorstellungen, fühlen sich plötzlich von Familienangehörigen verfolgt oder betrogen.

Lange Zeit hindurch versuchen diese alten Menschen alles, um ihre tatsächliche Situation vor den Angehörigen zu verbergen. Nach Monaten oder Jahren kommt jedoch unweigerlich der Zeitpunkt, wo eine selbstständige Lebensführung nicht mehr möglich ist. Dann ist der verwirrte alte Mensch völlig auf die Hilfe seiner Angehörigen angewiesen. Dabei ist die Vertrautheit mit ihm nahen Personen wichtig und auch die Überschaubarkeit der Anzahl jener Personen, die in der häuslichen Struktur zu den Bezugspersonen werden. Besonders schwierig wird die Pflegesituation dann, wenn der alte Mensch völlig hilflos geworden ist. Dies äußert sich so:

- Die Sprache ist nicht mehr vorhanden, und der Patient artikuliert sich nur noch in einzelnen unzusammenhängenden Lauten;
- Das eigene Spiegelbild und vertraute Personen werden nun nicht mehr erkannt;
- Durch Sehstörungen kommt es auch zum Verlust der Körperkontrolle;
- Es können Schluck- und Herzbeschwerden auftreten;
- Harn- und Stuhlinkontinenz;
- Abmagerung durch Nahrungsverweigerung;
- Unfähigkeit, Gefühle und Emotionen zu zeigen;
- Viele dieser Menschen befinden sich dann nur noch in einem Dämmerzustand. Manchmal gibt es noch helle Momente, die bei den Angehörigen wiederum die Hoffnung wecken, dass sich der Zustand verbessere. Leider wird die Familie bitter enttäuscht, denn mit der Zeit verschwinden auch diese hellen Momente.

Wenn die Betreuung in der gewohnten Umgebung und durch vertraute Personen durchgeführt wird, zu denen der verwirrte Patient auch eine emotionale Beziehung hat, kann in der Regel ein allzu rascher Verlauf der Erkrankung verhindert bzw. hinausgezögert werden. Neben physischen Schmerzen, die sich bei den alten Menschen oft durch bereits längst chronisch gewordene Erkrankungen oder durch Brüche aufgrund von Stürzen aus der Vergangenheit ergeben, trifft aber gerade auf diese Patientengruppe ganz besonders der Bereich des *psychischen Schmerzempfindens* zu. Verwirrte alte Menschen leiden und klagen über Schmerzen, weil ihre Situation so trist und aussichtslos erscheint. Ängste, Furcht und Trauer, aber auch Verzweiflung, Einsamkeit und Schlaflosigkeit wirken sich verstärkend auf die persönliche Situation aus. Nicht aufgearbeitete Kränkungen und Missverständnisse, die einer Klärung bedürfen, verursachen oft Schmerzen, die mit Schmerzmedikamenten nicht in den Griff zu bekommen sind. Soziale Kontakte hingegen, Freude und Verständnis, Zuwendung, Hoffnung, Anteilnahme und Schlaf können „Wunder" wirken – ebenso wie die streichelnde Hand, die mit einer Salbe oder einem Kräuteröl die „schmerzende Stelle" einreibt und plötzlich Wohlbefinden und Glücksgefühle weckt.
Das Verwirrtwerden ereignet sich nicht von einem Tag auf den anderen. Es beginnt langsam und breitet sich im Anfangsstadium oft noch unbemerkt aus. Im Miteinander der Generationen zu Hause geht es oft unter, wenn alte Menschen ihre Kontrolle Schritt für Schritt verlieren. Sie halten sehr lange an den vertrauten Bewältigungsstrategien fest und leugnen hartnäckig alle Verluste. Mit der Zeit werden die körperlichen und geistigen Einbußen jedoch sichtbarer und führen letztlich zur völligen Hilflosigkeit und Desorientiertheit.
Vier Alltagsgeschichten von verwirrten alten Menschen, die zu Hause betreut werden: Was man in einer solchen Situation tun kann und was man unbedingt unterlassen sollte:

Frau M. und der Sonntagskuchen
Gemeinsam mit Tochter und Schwiegersohn wohnt Frau M. in jenem Haus, das sie und ihr verstorbener Mann von ihrer Großmutter geerbt haben. Mittlerweile ist es aus- und umgebaut worden, die vier Enkelkinder sind schon längst ausgezogen. Am ersten Sonntag jedes Monats versammelt sich die ganze Familie zu einem gemütlichen Nachmittag in diesem Haus: Es kommen die Enkelkinder mit ihren Familien, aber auch Frau M.s jüngere Schwester und manchmal auch ihr Sohn aus erster Ehe mit seiner Familie.

Frau M. backt für diesen Anlass immer einen ganz besonderen Hefe-Quark-Kuchen nach einem „Geheimrezept" ihrer Großmutter. Alle freuen sich auf diesen Tag und im Besonderen auf Omas Sonntagskuchen. Vor zwei Monaten allerdings begann sich etwas zu verändern: Frau M.s Kuchen war nicht wie immer flaumig und köstlich – sondern sehr trocken und klein. Enkelsohn Stefan meinte gleich nach der ersten Gabel: „Du, Omi, heute ist dein Kuchen aber nicht so wie immer!" Frau M. reagierte ärgerlich und zog sich gekränkt zurück. Der nächste Kuchen einen Monat später blieb überhaupt in der Backform kleben und war völlig verbrannt. Frau M. war wütend und verzweifelt. Sie beschuldigte ihre Tochter, das Mehl „versetzt" zu haben, außerdem seien die Eier nicht in Ordnung gewesen, und auch das Backrohr funktioniere nicht mehr einwandfrei.

Was kann Frau M.s Tochter in dieser Situation tun:

- Ruhe bewahren und diese auch ausstrahlen;
- Verständnis signalisieren für die Wut und Verzweiflung ihrer Mutter: Seit 50 Jahren backt sie diesen wunderbaren Sonntagskuchen. Sie kann im Moment noch nicht damit fertig werden, dass ihr dies ab nun nicht mehr gelingen wird;
- die Angst der alten Frau, die Kontrolle über ihre körperlichen und geistigen Funktionen vollständig zu verlieren, nachspüren und verstehen;
- auf Erinnerungsarbeit setzen, und zwar durch die Frage: *Wann hat denn deine Großmutter immer diesen Sonntagskuchen gebacken?* Damit gelingt es der Tochter, ganz frühe Erinnerungen bei ihrer Mutter herbeizuführen.

Die alte Frau beruhigt sich augenblicklich, legt ihre Hände gefaltet in den Schoß und erzählt von Großmutters Stube und wie sie dort als kleines Mädchen oft stundenlang auf der Ofenbank gesessen ist. Großmutter hätte für ihre vielen Patenkinder immer zu Weihnachten und zu Ostern den Sonntagskuchen gebacken. Großmutter kannte auch so wunderbare Geschichten, zum Beispiel diese von dem großen Zauberer und dem kleinen Mädchen ...

Wenige Stunden später erwartet Frau M. schon sehnsüchtig ihre Lieblingsenkelin Jenny. Sie bringt aus der Konditorei Obsttörtchen mit. Alle wissen über Omas Missgeschick Bescheid, aber niemand spricht darüber. Auch Frau M. schmecken die kleinen Erdbeertörtchen sehr gut. „Die hast du aber niemals selbst gemacht, nicht wahr?", meint sie lächelnd zu Jenny und tätschelt ihr wissend auf die Schulter. In Zukunft wird immer jemand anderer aus der Familie einen Kuchen oder eine Torte mitbringen.

Was man in einer solchen Situation auf keinen Fall tun sollte:

- nichts ausreden und die alte Frau darauf vertrösten, dass ihr das nächste Mal alles wieder gelingen werde, oder sie unterstützen in ihrer „These", dass das Mehl oder das Backrohr nicht in Ordnung sei;
- Frau M. wollte in ihrem Zustand beginnender Desorientiertheit nicht berührt oder gar in den Arm genommen werden. Unglücklich orientierte Menschen vermeiden Intimität und wollen nicht berührt werden!
- Es hätte auch keinen Sinn gemacht, mit ihr rasch wieder einen Kuchen zu backen oder gar hinter ihrem Rücken, denn sie muss langsam lernen, dass bestimmte Fähigkeiten und Fertigkeiten in ihrem Alter unbarmherzig nachlassen.

Veilchen im Dezember

Maria sitzt am Bett ihrer Großmutter. Die alte Frau ist 84 Jahre alt und war in den letzten Monaten häufig krank. Die Enkelin bringt ihr eine Tasse duftenden Lindenblütentee. Der alten Frau fällt es seit vier Jahren schwer, zu gehen, sie hört auch nicht mehr gut und benötigt eine dicke Hornbrille, die sie immer wieder verliert. Großmutter lebt schon in der Vergangenheit – an lange zurückliegende Ereignisse kann sie sich ganz genau erinnern, z.B. an ihre Hochzeit oder an viele Kriegserlebnisse, aber sie weiß nicht mehr, wie spät es ist und welchen Tag wir haben. Oft verlangt sie schon um neun Uhr morgens nach dem Abendessen. Sie ist des Öfteren auch zornig und ungeduldig. Maria mag ihre Großmutter sehr, besonders dann, wenn sie aus ihrer Kindheit erzählt. Die alte Frau freut sich über den Tee, aber sie hat heute einen ganz besonderen Wunsch: Maria möge ihr einen Strauß Veilchen pflücken. Die Enkelin ist verzweifelt – wo sollte sie denn im Dezember Veilchen hernehmen? Mutti ist auch nicht zu Hause, und die Hauskrankenschwester war heute schon da! Maria nimmt die Hand ihrer Oma, beugt sich zu ihr und schaut sie liebevoll an. „Omi, du liebst Veilchen wohl über alles. Manchmal gibt es aber keine – kannst du dich daran erinnern, irgendwann einmal keine Veilchen gefunden zu haben?", fragt Maria zaghaft. Es ist eine gute Minute still – Maria kommt es wie eine Ewigkeit vor. Dann rekelt sich die Großmutter im Bett auf und bittet ihre Enkelin, die große braune Holzkassette aus der untersten Lade des Wäscheschrankes zu holen. Maria ist skeptisch, denn sie hat noch nie etwas von einer solchen Kassette gehört, führt aber brav aus, was ihr die Großmutter aufgetragen hat. Als das gute Stück auf Omas Schoß steht, kommt Maria gar nicht mehr aus dem Staunen heraus. Diese Kassette ist eine wahre Schatztruhe:

Alle Briefe und Feldpostkarten, die Opa jemals an Oma geschrieben hat, sind fein säuberlich nach dem Datum des Erhalts sortiert und mit Bändern zusammengebunden. Bestimmt hundert verschiedene bunte Namenstags- und Geburtstagskarten, allesamt mit Veilchenmotiven, kommen zum Vorschein. Die Großmutter zeigt Maria auch ein feines weißes Taschentuch, das statt des Monogramms ein gesticktes Veilchen aufweist. In einem alten Gebetsbuch aus Mariazell hat Oma große und kleine Veilchen gepresst. Während Maria alles genau anschauen muss, wird die Großmutter müde und schläft ein. Die Enkelin entfernt die Kassette aus dem Bett und stellt sie wieder an ihren Platz in Omas Kasten. Dann schleicht sie leise und auf Zehenspitzen aus dem Zimmer.

Was kann Maria alles in dieser Situation tun:

- Auch wenn es keinen Sinn ergibt oder nicht durchführbar erscheint, sie könnte das Wiederholen und Zusammenfassen, was ihre Großmutter gerade von sich gibt;
- Wichtig ist dabei immer klares, warmes und liebevolles Sprechen;
- Sie hat einfach aus dem Gefühl heraus ihre Großmutter angeregt, sich das Gegenteil vorzustellen, und zwar die Extremsituation *„schon einmal keine Veilchen gefunden zu haben"*, damit hat sie gleichzeitig die „Erinnerungsschleusen" geöffnet, und ihre Großmutter schwelgte in der Vergangenheit, die ihr in ihrem Zustand der Zeitverwirrtheit wesentlich näher ist als der Tagesablauf mit seinen großen und kleinen Hindernissen;
- Alte Menschen benötigen in diesem seelischen Zustand vor allem Zuwendung durch Berührung. Das hat Maria aufgegriffen, indem sie die Hand ihrer Großmutter in die ihre nahm und so einen Zustand völliger Vertrautheit erzeugte.

Was man in einer solchen Situation auf keinen Fall tun sollte:

- die Großmutter mit der Realität zu konfrontieren. Zeitverwirrte Menschen haben keine Vorstellung vom Ablauf der Zeit, und sie können mit Minute, Stunde, Tag und Zeit nichts mehr anfangen. („Ihre Uhren gehen bereits anders!") Der Hinweis, dass man im Dezember eben keine Veilchen pflücken könne, hätte die alte Frau nur noch mehr verwirrt, wahrscheinlich sogar sehr böse und aggressiv gemacht;
- sie zu zensurieren, wenn sie frei über alle ihre Gefühle spricht und die Regeln eines Tagesablaufes missachtet. Ihr Verhalten steht immer in Verbindung zu einem unerfüllten Bedürfnis, und sie stellt frühe Erinnerungen her, indem sie sich an Klänge und Gerüche aus ihrer Kindheit zurückerinnert;

- die Frage, „warum“ Oma jetzt im Winter unbedingt Veilchen benötigt – diese Frage löst nur Schuldgefühle beim alten Menschen aus und beschleunigt den inneren Rückzug, weil er sich unverstanden und ungeliebt fühlt.

Opa und die Werkzeugkiste

Herr W. ist 95 Jahre alt und lebt bereits seit dem Tod seiner Frau vor zwanzig Jahren im Haushalt seiner jüngsten Tochter. Der alte Mann hatte nach dem Krieg mit viel Fleiß und Ausdauer eine kleine Kfz-Werkstätte errichtet. Mittlerweile gehört der Betrieb seinem Sohn und ist zu einem großer Automobilsalon ausgebaut worden. Bis zu seinem 70. Geburtstag arbeitete der allseits beliebte Seniorchef noch im Betrieb mit. Danach beschloss er, nun mit seiner Frau auf Reisen zu gehen und das Leben zu genießen. Daraus wurde jedoch nichts, da Frau W. sehr bald schwer erkrankte und nach einem langen Leiden verstarb. Nach dem Tod seiner Frau war der alte Mann wie ausgewechselt: Wenn er im Betrieb vorbeischaute, beschimpfte er Kunden wie Mechaniker auf das Gröblichste; seinen Sohn nannte er vor allen Leuten „einen Versager“. Herr W. fand sich in seiner Wohnung nicht mehr zurecht und musste zu seiner jüngsten Tochter übersiedeln. Das war kein konfliktfreier Schritt, denn der alte Mann konnte seinen Schwiegersohn, einen sehr engagierten SPD-Politiker, nie gut leiden. Er mochte – politisch gesehen – die „Roten“ eben nicht. In den zwei Jahrzehnten des Zusammenlebens hatte sich allerdings vieles verändert. Seine Tochter ließ ihren Vater ab dem Zeitpunkt, wo er nicht mehr in das Unternehmen gehen konnte, seine Kriegserinnerungen zu Papier bringen. Als er nicht mehr schreiben konnte, interviewten die Enkelkinder Opa und nahmen alles auf ein Tonbandgerät auf. Die Erkenntnis, wie schwer es der alte Mann immer gehabt hatte und welche schrecklichen Kriegsereignisse ihn nach so vielen Jahren noch immer belasten, führten zu einem besseren Verständnis zwischen den Generationen. In den letzten eineinhalb Jahren hat sich der alte Mann aber zunehmend von der Außenwelt abgekapselt. Er ist körperlich und geistig verfallen, kann nur noch unzusammenhängende Wortfetzen sprechen, sitzt im Rollstuhl und muss gewickelt und an manchen Tagen auch gefüttert werden. Seine Hände hat er zu Fäusten geballt, die Fingernägel bohren sich tief ins Fleisch, und er reißt die Arme immer auf und ab, hin und her, als müsste er eine schwere Arbeit verrichten. Der alte Mann unterbricht diese „Tätigkeit“ nur dann, wenn er gestreichelt und berührt wird. Dann huscht ein kleines Lächeln über sein ansonsten ausdrucksloses Gesicht mit den stumpfen Augen, die halb geschlossen sind. Seine Tochter hat das Gefühl, dass ihr Vater wieder in jene Vergangenheit zurückgekehrt ist, in der er mit viel Arbeit seine Werkstätte errichtete. Sie

Früher lebten Alt und Jung zusammen und teilten sich den bescheidenen Wohlstand.

Sieben Jahrzehnte liegen dazwischen: die kleinen Mädchen und ihre Urgroßtante.

sprach diesbezüglich auch schon mit ihrem Bruder darüber, doch der lachte sie nur aus, als sie davon sprach, Opa einen Werkzeugkasten zu kaufen. „Vielleicht wechselt Vati gerade die Zündkerzen, aber die wirst du im Baumarkt nicht bekommen", meinte er zynisch und klopfte seiner „kleinen" Schwester mitleidsvoll auf die Schulter. Doch sie ließ sich nicht davon abbringen und kaufte einen großen Werkzeugkoffer gefüllt mit Schrauben, Nägeln, Bohrern und allerhand Werkzeug, von dem sie gar nicht wusste, wie es hieß und wozu man es überhaupt brauchen könne. Herr W. hingegen war begeistert. Stundenlang saß er am Tisch und versuchte mit seinen zittrigen Händen, die kleinen Nägel und Schrauben zu ordnen. Den hölzernen Zollstab ließ er überhaupt nicht mehr aus den Augen. Auch wenn er nicht mehr wusste, wozu man das eine oder andere Stück verwenden könne, alle diese metallenen „Kostbarkeiten" waren ihm vertraut und lösten eine Kette von Erinnerungsbildern aus. Manchmal schnalzte er mit der Zunge, dann kamen wieder Laute über seine Lippen, die an alte Kinderlieder erinnerten. Wenn der alte Mann vor seinem Werkzeugberg saß, dann spielte die Tochter immer wieder Vaters Lieblingsmusik, eine schon in die Jahre gekommene Schallplatte, auf der Zarah Leander alte Filmmelodien und Schlager von anno dazumal mit ihrer unverkennbaren tiefen Stimme singt.

Was kann die Tochter von Herrn W. in dieser Situation alles tun:

- Wichtig war es, mehr über die Lebensgeschichte des eigenen Vaters durch Biografiearbeit (niederschreiben und Interviews) in Erfahrung zu bringen, um später sein Verhalten zu seinen Bedürfnissen besser in Verbindung setzen zu können;
- Verwirrte alte Menschen mit diesen Zustandsbildern benötigen Berührung wie das tägliche Brot zum Überleben, weil sie dadurch Beziehungen aufspüren und wiederherstellen können;
- In Herrn W.s Fall gelang es durch den Werkzeugkoffer, einen Zugang zu seiner innersten, wenn auch sehr bizarren Bilderwelt herzustellen. Symbole aus der Vergangenheit können jedoch eine ungeahnte Heilkraft entwickeln, andererseits aber auch das Gegenteil bewirken: so genannte negative Emotionen. Menschen in diesem Stadium ihrer Erkrankung müssen jedoch auch irgendwann ihre unterdrückten Emotionen (Wut, Zorn, Hassgefühle, Tränen, Trauer etc.) nach außen lassen. Symbole aus der Vergangenheit können diese Ventilfunktion übernehmen und so dem alten Menschen Erleichterung verschaffen.
- Die Verwendung von Musik und Gerüchen wirkt sich immer beruhigend und entspannend auf den Zustand dieser Menschen aus. *Die Tochter erinnerte sich wieder an Vaters Lieblingslieder. Die dunkel-*

haarige Schönheit Zarah Leander hatte es ihm schon in jungen Jahren angetan. Wenn er in seiner Werkstätte unter einem Auto lag, um es zu reparieren, sang Herr W. oft Lieder wie „Frag' mich nicht, ob ich dich liebe ..." oder „This Is My Lovley Day". Die zerkratzte alte Schallplatte leistet dafür gute Dienste, und die große schwedische Künstlerin singt sich noch einmal in das Herz des alten Mannes.

Was man in einer solchen Situation auf keinen Fall tun sollte:

- sie an ihren wiederholten Bewegungen etwa durch Festbinden hindern. Sie setzen diese Bewegungen ein, um ihre Gefühle auszudrücken, auch wenn dies Schreien, Klopfen oder ein ständiges Sich-auf-und-ab-Wiegen ist;
- Es bringt auch nichts, diese Hochbetagten ständig mit der Realität zu konfrontieren. Sie haben sich schon längst aus ihrem alten Werte- und Zeitsystem zurückgezogen und bevölkern nur noch ihre ureigenste, innerste Welt, an der wir als Begleitende nicht teilhaben können.

Frau S. ist im Dämmerzustand

Im großen weißen Krankenhausbett krümmt sich Frau S. wie ein kleines Häufchen Elend. Man sieht sie kaum, nur am Kopf leuchtet ein schneeweißer Haarschopf hervor. Sie hat sich schon vor einem Jahr völlig von ihrer Außenwelt zurückgezogen. Ihre Augen sind geschlossen, und ihre gekrümmte Haltung gleicht einem Fötus. Sie spricht schon lange nicht mehr und bewegt sich kaum. Frau S. kam auf Anraten des Hausarztes ins Spital, da sie sich weigerte, zu Hause bei ihrer Tochter Nahrung zu sich zu nehmen. Im Krankenhaus „versorgt" man die alte zarte Frau nun durch eine Becksonde. Die Tochter besucht ihre Mutter täglich, auch die Schwester aus Australien und der Bruder aus der Schweiz sind mit ihren Familien angereist. Abwechselnd sitzen sie bei der alten Frau, erzählen ihr viel von ihrem Leben und von der Welt draußen vor dem Fenster, streicheln ihre Hände und ihre Wangen. Auch ihre dürren Füßchen werden regelmäßig massiert und mit einer wohlriechenden Ringelblütensalbe eingerieben. Das Pflegepersonal nimmt sich ebenfalls viel Zeit für diese Patientin. Wenn die Laken gewechselt werden oder Frau S. gewaschen wird, sprechen sie die Patientin mit dem Namen an und sagen ihr, was sie jetzt zu tun gedenken. Schwester Sybille kämmt ihr nach den Pflegemaßnahmen lange die Haare, weil sie wahrgenommen hat, dass sich die alte Frau durch diese Stimulation besonders gut entspannen und entkrampfen kann. Auf ihrem Nachtkästchen brennt Tag und Nacht eine Duftlampe mit Orangenöl (Frau S. liebte Orangen über alles; als kleines Mädchen hatte sie im Winter des Kriegs-

jahres 1944 einmal von einem fremden Soldaten – einem hübschen, großen Mann, wie sie immer erzählte – eine Orange geschenkt bekommen. Es war die erste Orange ihres Lebens. Später als Oma brachte sie ihren Enkelkindern immer kiloweise die Südfrüchte ins Haus). Wenn gerade niemand bei ihr ist, läuft der CD-Player mit Frau S.s Lieblingsmusik: die Originalaufnahme des „Canto General", das Werk des großen chilenischen Dichters Pablo Neruda, vertont von Mikis Theodorakis, und Maria Farantouri singt die Balladen. Es ist eine lange Geschichte, wie es dazu kam, dass ausgerechnet dieses in unseren Breitengraden wohl nicht sehr bekannte Musikstück das Lieblingswerk von Frau S. ist. Sie ist die Tochter eines Griechen und einer Deutschen. Ihr Vater war mit Mikis Theodorakis eng befreundet und engagierte sich in seiner Heimat politisch. Auch er kämpfte ab 1967 heftigst gegen die Militärdiktatur an. Dafür kam er sogar ins Gefängnis. Er starb als gebrochener alter Mann an jenen Verletzungen und Erkrankungen, die er sich unter den harten Haftbedingungen zugezogen hatte. Den Sturz der Militär-Junta in seiner Heimat im Jahre 1975 erlebte er nicht mehr. Was der Tochter blieb, waren viele Reiseerinnerungen an Griechenland und vor allem die Liebe zur Musik Theodorakis'.

Wie kann man Menschen in dieser letzten Phase ihres Lebens helfen:

- sie berühren und mit ihnen sprechen, auch wenn sie keine Antworten mehr geben;
- Hand- und Fußmassagen, wie dies die Familie der alten Frau getan hat;
- Stimulation über Gerüche und Gegenstände aus ihrer Vergangenheit;
- Musik als eine gute Möglichkeit zur Entkrampfung und Entspannung. In diesem Fall wissen die Angehörigen ganz besonders genau über die Lieblingsmelodie der alten Frau Bescheid. Lieder und Töne begleiten uns ein ganzes Leben lang und bleiben immer ein Schlüssel zum Unterbewusstsein.

Was man auf keinen Fall tun sollte:

- diesen Menschen mit seinen Gefühlen nicht ernst nehmen und nicht mehr mit ihm kommunizieren;
- liebloser Umgang und wenig Zuwendung.

Essen, was schmeckt, oder brauchen demente, alte Menschen eine spezielle „Diät“?

„Speis' und Trank halten Leib und Seele zusammen“ – lässt sich dieses alte Sprichwort auch auf unsere verwirrten alten Menschen „anwenden“, oder benötigen sie eine spezielle Kost oder gar Diät, damit sich ihr Zustand nicht weiter verschlechtert? Wunderrezepte können leider nicht angeboten werden, aber falsche Ernährung trägt natürlich auch dazu bei, dass sich Arterien weiter verengen oder gar verstopfen. Tatsache ist, dass in den europäischen Breiten bei fast jedem zweiten Betroffenen zusätzlich eine Multi-Infarkt-Demenz auftritt. Dazu kommen oft noch andere chronische Erkrankungen, die ihre Ursache oft in falscher Ernährung und übermäßigem Stress haben. Risikofaktor Nummer eins ist nach wie vor ein zu hoher Cholesterinspiegel. Das betrifft aber nicht nur die Generation der Hochbetagten, sondern auch deren Kinder, Enkelkinder und Angehörige. Im hohen Alter tritt aber auch häufig noch ein anderes Zustandsbild in Erscheinung, jenes der Kachexie, der „Auszehrung“. Abmagerung, allgemeiner Kräfteverfall, Muskelschwäche, Appetitlosigkeit und Apathie infolge schwerwiegender Störungen aller Organfunktionen lassen den alten Menschen zum buchstäblichen „Häufchen Elend“ zusammenschrumpfen. Als Angehörige oder Pflegende sollten wir schon frühzeitig darauf achten, ob es zu einer verminderten Nahrungsaufnahme bei unserem Patienten kommt. Ursachen dafür können sein:

- Darmträgheit (verminderte Nahrungsaufnahme und Verwertung);
- Schwierigkeiten beim Kauen oder Schlucken;
- das Gebiss passt plötzlich nicht mehr, und daher kann es zur Nahrungsverweigerung kommen;
- chronische Schmerzen und depressive Zustände;
- Bettlägrigkeit.

Bei der Zusammenstellung der Speisen sollte bei verwirrten alten Menschen auf deren allgemeine Verdauungsbeschwerden Rücksicht genommen werden (Blähungen, Leber- und Nierenprobleme) und vor allem auf ihren Appetit. Sie sind nicht mehr in der Lage, so große Hauptmahlzeiten zu verzehren, sondern brauchen mehrere kleine

Speisen. Beim Kochen sollte generell mit tierischen Fetten gespart werden. Wir wollen hier ausführen, was sich günstig und was sich weniger günstig auf das körperliche Wohlbefinden des verwirrten alten Menschen auswirkt. Doch niemand kann zur Veränderung seiner jahrzehntelang eingeprägten Ernährungsgewohnheiten gezwungen werden. Wer Schweinebraten und fette Suppen immer bevorzugt auf seinem Speisezettel hatte, der wird im Alter kaum bereit sein, seine Lieblingsspeisen ersatzlos streichen zu lassen, weil sie ungesund sind. Dies wird höchstens Ablehnung und Aggression hervorrufen.

Günstig wirken sich aus:

- Garen, Kochen, Dünsten, Dämpfen;
- frische Zubereitung aller Speisen;
- reichliche Flüssigkeitszufuhr;
- $^2/_3$ Gemüse, $^1/_3$ Fleisch oder Fisch;
- Milch und pflanzliches Eiweiß;
- fein gemahlenes Vollwertgetreide und Müsli.

Ungünstig sind:

- Braten, Grillen, Parniertes, Einbrenn und Einmach;
- Konserven und Industriegetränke (zu viel Kohlensäure);
- tierische Fette und Eiweiß (Schweinefleisch, Wurst, Speck, Schinken).

Bei den häufig auftretenden Schluckbeschwerden gibt es vor dem Einsatz von Medikamenten auch einige „Hausrezepte", wie

- reichlich Salbei- und Kamillentee trinken;
- Anregung zur Speichelbildung durch Kauen von zuckerfreiem Kaugummi oder durch Lutschen von milden, zuckerfreien Bonbons;
- wässriges Fruchteis;
- Lutschen von Eiswürfeln;
- Kauen von getrockneten Früchten.

Was kann man bei Verstopfung tun?

Als so genannte „Stuhlweichmacher" eignen sich hervorragend:

- Leinsamen und andere Quellstoffe;
- genügend Flüssigkeit, wie z.B. Apfelsaft oder Sauerkrautsaft;
- Bananen;
- Magnesium, Fruchtwürfel.

Wenn das alles nichts hilft, dann sind nach Rücksprache mit dem Hausarzt Medikamente einzusetzen.

Bei aller Liebe zu unseren verwirrten alten Angehörigen sollte jedoch jedem von uns klar sein, dass diese nicht auf unsere „Menüvorschläge" warten, sondern selbst bestens wissen, was ihnen schmeckt und ihnen bekommt. Daher „hinken" alle nachstehenden Speisevorschläge insofern, als dass sie ohne das „Einverständnis" unserer Patienten entstanden sind. Wer an der Nordsee oder an einem österreichischen See aufgewachsen ist oder dort über Jahrzehnte gelebt hat, wird sich mit den Fischrezepten anfreunden können. Großstädter hingegen mögen oft überhaupt keinen Fisch oder kein Geflügel. Wer seinen kleinen Bauerngarten mit Kräutern, Gewürzen und Gemüse liebevoll jahrzehntelang betreute, wird auch im Alter noch gern Gemüse essen; andere hingegen werden es ausspucken oder verweigern. Es wird uns auch nicht gelingen, die alten Menschen davon zu überzeugen, was für sie gut wäre, denn das wissen sie ja angeblich selbst viel besser. Hier bedarf es viel Überredungskunst und Einfühlungsvermögen, um sehr alte Menschen überhaupt dazu zu bewegen, etwas zu essen, was sie selbst niemals gekocht haben oder was sie vielleicht gar nicht kennen.

Einige Kochideen bunt gemischt:

Als Normalkost mit täglich ca. 2000 kcal könnte mittags aufgetischt werden:

Eintopfsuppe, Rinderschnitzel in Pfeffersauce, Bandnudeln, Salat, Vanillepudding;

Lauchcremesuppe, Kalbfleischragout, Reis, Salat, Joghurtcreme;

Tomatensuppe, gebratener Zander, Kartoffeln, Salat, Apfelkompott;

Grießnockerlsuppe, Puten-Pariserschnitzel, Serviettenknödel, gemischter Salat, Apfelmus.

Am Abend beispielsweise:

Quark-Kirsch-Auflauf; Schinkenplatte; Erdäpfelgulasch, Spiralnudeln mit Gemüsesauce und Salat oder Gemüseeintopf mit Rindfleisch und Brot.

Schonkost wäre fleischarme Mischkost mit täglich 2000 kcal.

Mittags beispielsweise:

Teigwarensuppe, gekochtes Rindfleisch, Dillsauce, Birne oder Himbeeren;

Tomatensuppe, Quarkpalatschinken, Vanillesauce, Apfelkompott;

Lauchsuppe, St.-Peters-Fisch, natur mit Kürbis, Kartoffeln, Schokocreme;

Brokkolisuppe, gebratene Hühnerbrust mit Saisongemüse, Reis, Salat, Pudding.

Abends bieten sich an:

Vollkornspaghetti mit Käsesauce und Salat; Gemüseplatte und eine

Banane; Erdäpfelgemüse mit Tofu und Brot; Käseplatte garniert oder ein Hirseauflauf mit Zwetschgenkompott.
Auf keinen Fall schaden kann ein Kartoffel- und/oder Obsttag pro Woche meist der ganzen Familie. Werden die Kartoffeln ohne Salz und das Obst ohne Zucker gegessen, wird auf natürliche Weise das Entwässern und Entschlacken unterstützt, was auf sanfte Weise zu einer Gewichtsreduktion führt.
Auch wenn es heute die „Wunderpille gegen das große Vergessen" noch nicht gibt, glauben viele alte Menschen an die Heilkraft aus „Gottes Naturapotheke" und erinnern sich an jene Zeit zurück, wo man Heilkräuter und Pflanzen als „Hausmedizin" einsetzte. Günstig bei Verwirrtheit wirken sich alle jene Mittel aus, die die Gehirndurchblutung fördern oder sogar steigern. Den Blätter des Ginkobaumes z.B. wird diese Wirkung zugeschrieben. In China und Japan wurde dieser sommergrüne Baum mit den fächerförmigen Blättern seit altersher als heiliger Baum in buddhistischen Tempelanlagen und Klostergärten gepflanzt.
Aber auch andere, kleinere Leiden können gut mit den alten Hausmitteln bekämpft werden. Hier nun einige Beispiele für die Vielfalt der Verwendungsmöglichkeiten von Heilkräutern:

- schleimlösender Hustentee: je 20 g Huflattichblätter und -blüten, Königskerzenblüten, Lungenkraut und Spitzwegerichblätter. Von diesem Tee werden täglich drei Tassen mit Honig schluckweise warm getrunken. Pro Tasse zwei Teelöffel von dieser Kräutermischung zum Abbrühen nehmen.
- Bärlauch frisch und als heilkräftiges Hausmittel: In Mode gekommen sind die grünen Bärlauchblätter, die im Frühjahr auf den Biomärkten angeboten werden und sich hervorragend zum frischen Verzehr, klein geschnitten auf einem Butterbrot oder zum Verfeinern von Saucen und Salaten eignen. Um auch übers Jahr einen heilkräftigen Bärlauch im Hause zu haben (er eignet sich nicht zum Trocknen), füllt man klein geschnittene Blätter in eine Literflasche bis zum Hals und gibt einen guten Korn oder einen hausgebrannten Schnaps darüber und lässt den Ansatz 14 Tage an der Sonne oder in Herdnähe stehen. Von dieser Essenz kann man zehn bis 12 Tropfen in Wasser einnehmen – ein Hausmittel gegen viele Wehwehchen.
- Die in der Sonne voll erblühten Johanniskraut-Sterne können mit Olivenöl angesetzt zehn Tage in die Sonne gestellt werden. Nach kurzer Zeit bekommt das Öl eine rötliche Farbe. Viele alte Frauen

schwören auf dieses Hausmittel bei Ischias. In der Homöopathie wird das Hypericum perforatum auch gegen nervöse Beschwerden und Depressionen eingesetzt. Johanniskraut eignet sich für Tees, kann aber auch zu Sitzbädern angewandt werden.

- Salbeitee hilft bei Mandelentzündungen, kleineren Halsleiden, Zahnfleischbluten und Entzündungen des Rachens und der Mundhöhle. Man gurgelt oder legt Umschläge auf.
- Die Ringelblumensalbe ist ebenfalls vielen alten Menschen bestens bekannt. Man kann aus den Ringelblüten jedoch auch eine Tinktur zubereiten, indem man eine Hand voll Blumen in einen Liter echten Branntwein gibt und das Ganze vier bis fünf Wochen gut einwirken lässt. Danach können mit Wasser verdünnte Umschläge angelegt werden.

Diese so genannten „Rezepte" stammen von einer 80-jährigen Bäuerin, die auf einem hoch gelegenen Hof mit ihrer Großfamilie lebt und noch immer auf Wiesen und in Wäldern nach Heilkräutern sucht. Mit ihrem geflochtenen Korb macht sie sich oft auf den Weg, um Blüten und Blätter zur „rechten Zeit", nämlich bei Vollblüte und Sonnenschein, am besten am Vormittag, zu sammeln.

Die Bedeutung von Ritualen

Feststehende Gebräuche und Verhaltensmuster prägen das ganze Leben und geben jedem Menschen Sicherheit und Halt. Alltagsrituale, die über Jahrzehnte praktiziert wurden und „Ordnung" in den Tagesablauf brachten, erhalten noch größere Bedeutung bei Krankheit und schwierigen Lebensbedingungen. Vertraute Gepflogenheiten, kleine persönliche Verhaltensweisen, lieb gewonnene „Macken", die jeden Menschen „begleiten", müssen bei einem Aufenthalt in einem Krankenhaus oder gar bei Unterbringung in einem Pflegeheim von heute auf morgen aufgegeben werden. Das verursacht entweder inneren, angstbeladenen Rückzug oder aber aggressives Verhalten.
Von elementarer Bedeutung sind jedoch die großen Abschieds- und Begräbnisrituale, die in schwierigen Zeiten oder Zeiten des Umbruchs seelische Kraftquellen – wie Brunnen in der Wüste – darstellen. Ein wesentlicher Aspekt ist dabei immer die Wiederholung: Nicht nur Handlungen, sondern auch spezielle Formen und Inhalte werden wiederholt. Dieses Wiederholen schafft ein Gefühl von Sicherheit, was wiederum das Fundament für jenes Vertrauen bildet, das gebraucht wird, um die Trauer oder das „schreckliche Erlebnis" positiv zu bewältigen.
Daher sollten in Pflege und Begleitung verwirrter alter Menschen verstärkt die persönlichen Alltagsrituale aufgenommen werden, soweit dies organisatorisch zu bewältigen ist. Wer immer gewöhnt war, eine Zeitung zum Frühstück zu lesen, der sollte auch dann eine erhalten, wenn er längst nicht mehr lesen und auch keine Zusammenhänge mehr richtig erfassen kann. Wer abends mit einer Schale heißer Milch mit Honig schlafen ging, braucht zumindest den Geruch von warmer Honigmilch, um einschlafen zu können. Wenn alte Menschen immer an bestimmten Tagen etwas Bestimmtes taten, so sollte man dies so lange wie möglich beibehalten, z. B. Friseurbesuch jeden Donnerstag am Vormittag oder Großeinkauf jeden ersten Freitag im Monat etc.
Kleine und große Feste sind auch immer Ankerpunkte in stürmischen

Ein Symbol für Vergänglichkeit, aber auch für Neubeginn: die „Pusteblume" Löwenzahn.

Lebenssituationen. So sollten nicht vergessen werden:

- die *Namenstage.* Früher wurde der Geburtstag eines Menschen weit weniger gefeiert als der Namenstag. Die reichlich mit Goldfarbe verzierten „Andenkenschalen", die zum „Namensfeste" geschenkt wurden, erinnern noch heute daran. Eine Blume oder ein kleines Geschenk, eine besondere Zuwendung in Form eines Stücks Torte oder eine bunte Glückwunschkarte machen dem alten Menschen deutlich, dass er nicht vergessen ist.
- Kirchenfeste im Jahreskreis: *Weihnachten, Ostern, Pflingsten, Allerheiligen* – jedes dieser nicht nur religiösen Feste bedarf eines eigenen Rituals und erinnert – oft auch sehr schmerzlich – an die Vergangenheit. Weihnachtsbäckereien, Tannenreisig und Kerzen; bunte Ostereier und Palmkätzchen; Pfingstrosen; wieder Kerzen und Grabbesuch sind in sehr verkürzter Form Symbole für das jeweilige Thema. Auch Ende und Neubeginn eines Jahres, nämlich Silvester und Neujahr, sollten bewusst gefeiert werden.

Nicht vergessen werden sollte auch, auf bestimmte Jahrestage oder besondere Anlässe zu achten, die sich im Gedächtnis eingegraben haben und immer mit Erinnerungen verbunden sind:

- *Gedenktage feiern.* Geburtstage, Hochzeitstage, Sterbetage, Gedenktage – viele Male bringt ein bestimmter Tag im Kalender eine schöne oder traurige Erinnerung mit sich. Eine alte Frau erzählte kürzlich: *„Der Monat Jänner ist für mich nur mit so vielen Erinnerungen verbunden: Am 7. starb meine Mutter, an einem 18. verunglückte mein Bruder tödlich; am 22. vor 15 Jahre hatte ich meine erfolgreiche Hüftoperation und am 27. 1.1901 starb mein Lieblingskomponist Guiseppe Verdi in Mailand. An einem sehr kalten 31. vor vielen, vielen Jahrzehnten verlobte ich mich mit meinem Mann Kurt. Ich könnte den ganzen Monat eine Kerze brennen haben!"* Ein hilfreiches, kleines Ritual kann es sein, an solchen Gedenktagen ein Bild des Verstorbenen aufzustellen, einen kleinen Blumenstrauß zu bringen und eine Kerze anzuzünden.

Auch alte Gewohnheiten, die schon rituellen Charakter haben, sollten so lange wie möglich erhalten bleiben:

- *Friedhofsbesuche.* Alte Menschen besuchen häufig die Gräber ihrer verstorbenen Verwandten und Bekannten. Nicht selten treffen sich auf Friedhöfen ganze Gruppen von betagten Frauen und nutzen den Ort der Stille auch als eine gute Gelegenheit, sich auszusprechen und einander das persönliche Leid zu klagen. Wenn diese Menschen nicht mehr gehen können, sollte man sie im Rollstuhl (auch, wenn dies beschwerlich ist) zu „ihren" Gräbern bringen.
- *Kirchenbesuche.* Sehr gläubige Menschen brauchen den sonntäglichen Besuch in einem Gotteshaus. Besonders dann, wenn sie es von Kindheitstagen an gewöhnt sind, kann ihnen die Teilnahme an der Messfeier Kraft und Zuversicht geben, aber auch Trost in der Trauer.

Zu allen Zeiten ist und war es Menschen ein Anliegen, durch rituelle Handlungen Struktur und Ordnung in ihr Leben zu bringen. Sie sollen helfen, den Tages- und Lebensablauf überschaubar zu gestalten. Diese sinnstiftende Funktion hat gerade für verwirrte alte Menschen wesentliche Bedeutung, deren Leben – bildhaft ausgedrückt – in Auflösung begriffen und am Zerbrechen ist.

Frau Erna und die Dienstagswäsche

Frau Erna ist seit mehr als 15 Jahren in Pension. Sie war Kellnerin in einem angesehenen Altwiener-Kaffeehaus in der Innenstadt. In ihrer aktiven Zeit war Dienstag immer ihr freier Tag. Daher konnte sie sich an diesem Tag ausschließlich der Reinigung ihrer kleinen Wohnung und dem Waschen der Wäsche widmen. Und so ist es bis heute geblieben. Auch wenn sich jeder andere Tag dafür eignen würde, Frau Erna bleibt „ihrem" Dienstag treu. Schon am frühen Morgen sieht man sie mit Staubtuch und Besen bewaffnet durch die Wohnung eilen. Wenn schönes Wetter ist, hängt sie ihre Wäsche um Punkt zehn Uhr jeden Dienstag auf die große Gemeinschaftswäschespinne im Garten des Mehrparteienhauses. An diesem Tag steht ihr in der Waschküche selbstverständlich die Waschmaschine zur Verfügung. Jeder Hausbewohner weiß: Dienstag ist immer Frau Ernas Putz- und Waschtag.

Aus der Praxis: Viele kreative Beispiele für zu Hause und Altenpflegeheime

Alte Lieder und Gedichte aufschreiben: Auch wenn nur noch bruchstückhafte Erinnerungen an das eine oder andere Gedicht oder Lied vorhanden sind, es lohnt sich, ein Gespräch darüber zu führen, mit einem Musikinstrument zu musizieren oder einfach zu singen. Alle diese Spuren in längst zurückliegende Zeiten sind mit Bildern aus der Kindheit und Jugend verknüpft. Gedichte und Lieder sind aber auch oft altes Kulturgut, das es zu sammeln und zu bewahren gilt.
Bewohnermappe: Mit Foto und persönlichen Daten werden Blätter über jeden einzelnen Pflegeheimbewohner gestaltet, die in einer Ringmappe gesammelt werden. Dazu kommen jedoch auch alle persönlichen Daten und alle jene besonderen Eigenschaften und Gewohnheiten, die noch erfragt werden können (z.B. persönliche Alltagsrituale).
Erinnerungen auf Tonband: Sehr alten Menschen tut es manchmal gut, die eigene Stimme noch einmal zu hören. Sie haben auch keine Scheu davor, auf Band die für sie wichtigen Erzählungen und Aussagen zu sprechen. Diese Technik ist besonders gut für nur noch im Bett liegende Patienten geeignet, die so ihre persönlichen Lebensweisheiten und Geschichten zum Besten geben können.
Erinnerungskoffer: In einem alten Koffer befinden sich unterschiedlichste Materialien und Geräte, die einerseits Erinnerungsarbeit leisten, andererseits junge Menschen zum Nachfragen reizen. Die Einsatzmöglichkeiten eines Erinnerungskoffers sind unbegrenzt – in Schulen und im Geschichtsunterricht ebenso wie in Altenkreisen. Dort beflügeln sie besonders die Fantasie und regen zum Erzählen an. Diese Erinnerungskoffer können zu Themenschwerpunkten gestaltet werden:

- *Hausarbeit: Handbürste, Einweckgläser, Gummiringe, Waschpulver, Bimsstein, Geschirr- und Bodentücher;*
- *Hausfrauendasein: Küchengeräte wie Gurkenhobel, Kochlöffel, Sieb;*
- *Einkauf: Einkaufslisten, Geldbörse, Netz, Lebensmittelkarten, Bonbons, Packung Nudeln und Reis;*

- *Kleidungsstücke: Schal, Handschuhe, Krawatte, Kopftuch, Bluse, Rock, Strümpfe, Socken;*
- *Urlaub: Proviantdose, Fahrkarten, Thermoskanne, Muscheln, Zapfen, Steine, bunte Ansichtskarten;*
- *Toilettenartikel: Seife, Waschfleck, Handtuch, Rasierschaum und Pinsel, Kölnischwasser, Schwamm ...*

Erinnerungsstücke: Es gibt sehr persönliche Gegenstände, von denen sich ein Mensch Zeit seines Lebens nicht mehr trennt. Früher waren sowohl Möbel wie Geschirr oder gar Familiensilber von längerem Wert als heute. Edle Stücke mit Vergangenheit wurden an die nächsten Generationen weitergegeben. Kleine „Schätze", die alte Menschen noch in ihr oft „neues Leben" zum Beispiel in einem Altenheim oder bei Familienangehörigen „hinüberretten" konnten, erzählen ganze Lebensgeschichten. Es lohnt sich, nach solchen Stücken Ausschau zu halten und Fragen darüber zu stellen. Eine Geschichte dazu: *Frau Müller bewahrt in ihrem Nachtkästchen einen zerschlissenen, kleinen Pappkarton auf, der mit einer roten Masche zusammengebunden ist. Lachend nimmt sie das kostbare Stück an sich und sagt: „Darin ist meine ganze Kinderzeit aufgehoben!" Lange vor dem Krieg waren im Kakao, in der Schokolade, bei feinen Seifen und vielen anderen Haushaltsartikeln immer kleine Bildchen und Kartenserien zum Sammeln. Viele Erinnerungen stellen sich für Frau Müller ein. Achtsam und sorgfältig holt sie die kleinen Kostbarkeiten ihrer Kindheit hervor und hält sie in ihren zittrigen Händen.*

Fotoalben, Bildbände und Bücher: Fotoalben, Bildbände und manchmal auch Bücher helfen, die alten Orte der Kindheit noch einmal – zumindest in Gedanken – zu besuchen. Mit einem Band über die bunte Welt Afrikas lässt sich aber auch sehr gut eine „Expedition im Kopf" auf den unbekannten Kontinent unternehmen. Interessante neue Landschaften lassen sich auf diese Weise erschließen. Aber auch Altbekanntes und Vertrautes wird wieder lebendig: glückliche Stunden der Kindheit oder lustige Erlebnisse im Bruchteil einer Sekunde festgehalten.

Geträumte Orte der Erinnerung: Für Menschen, die sehr viel Pflege benötigen oder schon bettlägerig geworden sind, kommen viele kreative Möglichkeiten des biografischen Arbeitens nicht mehr infrage. Sie sind ganz auf ihre Erinnerungen und auf ihre Fantasie angewiesen. Wenn es tatsächlich so ist, dass die wirklichen Abenteuer eines Menschen nur im Kopf stattfinden, dann kann man als Pflegeperson solche Gedankenreisen gut unterstützen, durch gezieltes Nachfragen

Mit Kindheitserinnerungen behaftet: eine alte Sammelkarte aus der Kakaopackung.

nach Lieblingsorten und -landschaften oder durch Geben von Impulsen. Dabei können auch ungelebte oder nur ersehnte Realitäten wunderbar simuliert werden.

Kaffeekränzchen: Einige noch mobile Bewohner/-innen eines Altenheimes erhalten eine Einladung zu einem Kaffeekränzchen. Der Tisch wird hübsch gedeckt, und ein Gugelhupf oder eine Torte sollten vorbereitet werden. Für dieses Zusammentreffen kann auch ein Motto ausgegeben werden, wie z. B. „Gedichte aus der Schulzeit" oder „Weihnachten und andere Feste im Jahreskreis". Bei Kaffee und Kuchen kommen die Bewohner miteinander und gemeinsam mit dem Pflegepersonal ins Gespräch und erzählen über ihre Kindheit und Jugend. Der Kuchen ist aber auch oft ein „Schlüssel" zu alten Koch- und Backrezepten. Da alte Menschen nicht lange bei einem Gesprächsthema bleiben können, kann sich eine solche Kaffeerunde oft zu einer interessanten Erinnerungsstudie quer durch den Blumen- und Gemüsegarten, den Haushalt und die Berufsfelder alter Menschen entwickeln.

Kochrezepte sammeln: Im Gedächtnis einer alten Frau bleiben die Erinnerungen an ihre Hausfrauenzeit gespeichert. Auch wenn sie selbst nicht mehr am Herd stehen kann, weiß sie vieles über das Kochen und Zubereiten von Lieblingsspeisen zu erzählen. Kochrezepte aus der Kriegs- und Nachkriegszeit, interessante Mehlspeisen und wunderbare Suppen können so noch einmal zusammengetragen und niedergeschrieben werden. Dabei kommen auch wieder Erinnerungen an die eigene Kinderzeit und die damaligen Gerüche in Mutters Küche hoch.

Märchen, Mythen und alte Texte, z. B. die Bibel: Alte Texte, Geschichten, Märchen und Mythen begleiten den Menschen von seiner Kindheit bis zum Tod. Sie sind das Material, aus dem die Träume ganzer Generationen „intellektuelle" Nahrung erhalten haben. In ihrer einfachen, schlichten und klaren Sprache stehen alle Figuren für bewältigtes, meist auch gelungenes Leben. Der Alltagscharakter in den Volksmärchen lässt eine Auseinandersetzung mit der eigenen Heimat, Vergangenheit und Lebensgeschichte zu. Die Grimm'schen Märchen vom „Gevatter Tod" und „Den Boten des Todes" eignen sich sehr gut, um die heiklen Themenkreise „Alter und Tod" anzusprechen. Bibeltexte oder Psalme ergänzen Märchen und Mythen um eine weitere Komponente, jene der religiösen Erziehung, die sich prägend auf das Leben und Verhalten vieler Menschen auswirkte. So erinnert der Psalm 23 „Der Herr ist mein Hirte" daran, welche „höhere Instanz" sie immer beschützte und durch das Leben führte. Oder das Gleichnis vom verlorenen Sohn (Lukas 15) knüpft an persönliche Leiderfahrung an.

Namen als Träger einer Lebensgeschichte: Der eigene Vorname wird entweder gemocht oder gehasst. Er hat auf jeden Fall eine Geschichte. Einerseits können Traditionen durch die Gabe eines bestimmten Namens fortgesetzt werden, andererseits sind mit Namensgebungen auch oft viele Erwartungen, Wünsche und Hoffnungen verknüpft. Alte Menschen tragen auch oft uns heute ganz ungeläufige Namen. Durch gezielte Fragen kann man sehr viel über die Lebensgeschichte eines Menschen in Erfahrung bringen. Wer hat Ihnen diesen Namen gegeben? Wie wurden Sie als Kind gerufen? Wer trug in Ihrer Familie denselben Namen? Mögen Sie Ihren Namen?

Orte der Erinnerung (Friedhöfe, Museen, Denkmäler): Es gibt für jeden Menschen viele Orte der Erinnerung. Manche sind mit traurigen Bildern aus der Vergangenheit besetzt – etwa die Friedhöfe. Grabsteine erzählen aber auch wieder Geschichten und berichten von tragischen Schicksalsschlägen. Museen und Denkmäler wiederum regen alte Menschen zur Auseinandersetzung mit Kunst und Kultur an. Wenn verwirrte Menschen noch gehen können, sollte man ihnen möglichst viele Impulse und Reize vermitteln und sie ins Theater, in die Oper oder zu Ausstellungen mitnehmen.

Reise durch das eigene Leben: Ein möglichst großes Blatt Papier wird in vier gleiche Abschnitte geteilt, die für die Lebensbereiche Kindheit, Jugend, Erwachsenenalter und Alter stehen. Für jedes Feld sollten Fragen vorbereitet werden. Etwa: Wo wurden Sie geboren? Wann haben Sie Ihr erstes Geld verdient? Kennen Sie einen Schlager aus Ihrer Jugend? Wer noch selbst schreiben kann, bringt seine Antwort in Kurzform in das richtige Kästchen; für Menschen, die es nicht mehr selbst können, schreibt der „Spielleiter" nach Rückfrage (verbale oder nonverbale Zustimmung) die Kurzaussage auf. So entstehen interessante Reisen durch unterschiedlichste Lebensräume und Orte.

Spiel mit den Fragen nach der Vergangenheit: Als Grundlage dient ein Spielbrett wie beim Mensch-ärgere-dich-nicht. Die einzelnen Kreise, die nach dem Würfeln mit den Kegeln zu absolvieren sind, erhalten Nummern. Hinter jeder dieser Nummer verbirgt sich eine Frage: z. B. nach dem Unterschied zwischen früher und heute oder nach persönlichen Schicksalen. Auch Fragen nach den Finanzen von damals können gestellt werden ebenso wie sehr persönliche Fragen nach der großen Liebe des Lebens. Die betagten Spielteilnehmer können, müssen jedoch nicht jede Frage beantworten, bevor sie wieder weiterwürfeln dürfen.

Werte eines Menschen: Wenn im Alter die Säulen der Identität schon brüchig geworden sind, dann spielen die Werte im Leben eines Menschen wieder eine große Rolle. In der Begleitung und Pflege ist es wichtig, zu wissen, welche Wertvorstellungen im Laufe eines Lebens entwickelt wurden und das Fundament des Handelns bildeten. Waren es Geld und Arbeit? Religion und/oder Familie? Welche Lebensziele wurden gesteckt und (nicht) erreicht? Was ist aus dem geworden, was der Mensch sich aufgebaut hat? Wie viel Trauer schwingt dabei mit?

Wohnbiografien: Das eigene Haus, die Wohnung und die Wohnumgebung prägten das Leben alter Menschen auf besondere Weise. Verwandtschaftliche Beziehungen, Wechsel und Lebensumbrüche haben ihre Spuren hinterlassen. Jeder Umzug bedeutete Trennung, Verlust der vertrauten Welt und Trauer. In der älteren Generation finden sich besonders viele Menschen, die durch Krieg und politische Ereignisse zu Heimatlosen und Vertriebenen wurden; ihnen fehlt „ihre" Heimat ganz besonders schmerzlich. Aber auch der Umzug in ein Altenpflegeheim oder zur Tochter oder Schwiegertochter in eine neue Umgebung lösen meist neben Verwirrtheitszuständen auch Gefühle wie Wut, Zorn und Trauer aus. Noch einmal auf den Spuren der Kindheit zu wandeln und seine eigenen Wurzeln spüren, das macht heil. Es kann aber auch Abschiednehmen und Loslassen für immer bedeuten, wie diese Geschichte von Michaels Vater: *Herr Wagenschmied muss sich am Montag in der Früh einer Operation im örtlichen Krankenhaus unterziehen. Am Samstag bittet er seinen Sohn, mit ihm doch in die Berge zu fahren. Feinsäuberlich hat er mit zittriger Schrift die Fahrtroute teilweise aufgeschrieben, teilweise sogar gezeichnet. Es wird ein wunderschöner Ausflug, selbst die Enkelkinder sind mit von der Partie. Herr Wagenschmied wollte unbedingt auf eine sehr hoch gelegene Alm. Von dort kann man so gut auf den kleinen Ort blicken, in dem er geboren wurde. Auf der alten, verwitterten Holzbank sitzend erzählt er von seiner harten Kindheit. Schon als kleiner Bub musste er mit dem großen Bruder das Vieh auf die Alm treiben. Damals wurde das Heu für den Winter noch mit der Sense geschnitten. Viel Hunger hatten er und seine sieben Geschwister gehabt. Es seien dennoch schöne Zeiten gewesen, resümiert der alte Mann. Als die Glocke von der kleinen Dorfkirche zart zu läuten beginnt, rinnen Tränen über das Gesicht des alten Mannes. Die kleine Tanja schmiegt sich eng an ihren Großvater und schiebt ihre kleine Hand unter die seine. Dann ge-*

nießt er noch einmal die weite Aussicht auf die schneebedeckten Gipfel des Gebirges. Glücklich und müde, aber dankbar für diesen Ausflug verabschiedet er sich von seinem Sohn und dessen Familie. Es sollte die letzte Reise des alten Mannes sein. Er überlebt den chirurgischen Eingriff nicht. Für den Sohn bleibt der Trost, seinem Vater dessen allerletzten Wunsch erfüllt zu haben.

Zum Abschluss: 15 „Gebote“ für Pflegende

Bisher war viel von den Patienten die Rede und davon, wie man verwirrte, alte, kranke und sterbende Menschen besser begleiten kann. Gute Pflege ist aber nur dann möglich, wenn es auch den Pflegenden selbst gut geht, wenn die nötige Distanz bei größtmöglichem Einfühlungsvermögen gefunden werden kann. Gerade für eine Familie ist es nicht immer leicht, die richtige Balance zu finden zwischen Anteilnahme am Leiden des Angehörigen bei gleichzeitigem Wissen, dass er selbst sein Leben aufarbeiten muss und ihm diese oft schmerzhafte Tätigkeit niemand abnehmen kann. Um nicht auszubrennen, sollten sich Angehörige wie Pflegepersonal diese 15 „Gebote" immer wieder vor Augen halten:

1. Mit sich selbst behutsam umgehen.
2. Rücksicht nehmen auf die Grenzen der eigenen Belastbarkeit.
3. Für den eigenen Körper gut sorgen (Bedürfnis nach Ruhe, Schlaf, Entspannung, Essen etc.).
4. Den Mut aufbringen, konkrete Hilfestellung anzufordern (als pflegende Angehörige z.B. mit der Hauskrankenpflege in Kontakt treten).
5. Begleiten heißt „nahe sein", sich neben jemandem in der eigenen Emotionalität, mit der eigenen Ohnmacht, dem eigenen Schweigen und vor allem der eigenen Hilflosigkeit und den Gefühlen der Sinnlosigkeit spürbar machen.
6. Eine ganz wesentliche Fähigkeit eines guten Begleiters liegt darin, dem Patienten das Gefühl zu geben, man nimmt sich für ihn und seine Anliegen Zeit. Ein Gefühl des Angenommenwerdens kann jedoch nur dann entstehen, wenn man selbst gelernt hat, mit dem Thema Zeit behutsam umzugehen.
7. Mit jedem Menschen, der sich aus unserem Leben verabschiedet, stirbt immer auch ein Stück eigener Biografie.
8. Spannungen oder gar Zerwürfnisse zwischen jenen Familienmitgliedern, die die Last der Hauptpflege tragen und jenen, die wenig

oder gar nicht helfen, sollten angesprochen und nicht still erduldet werden!

9. Die Prozesse und Krankheitsbilder des Alterns machen deutlich, dass auch wir selbst sterblich sind.
10. Alle Sterbe- und Trauerprozesse, die ein emotionales Verhalten der Patienten mit sich bringen, rühren immer auch an den eigenen, inneren Ängsten. Die Frage nach einem Sinn im Leben drängt sich auf.
11. Die eigenen Kraftquellen nicht versiegen lassen. Sich immer wieder neue „Tankstellen" zum seelischen Auftanken suchen: Tiere, Ausflüge in die Natur, ein Buch lesen, Musik hören ...
12. Wut, Zorn, Hass- und Schuldgefühle, die beim Patienten zum Ausbruch kommen, nicht werten, aber auch nicht persönlich nehmen. (Sein emotionaler Zustand hat nichts mit mir zu tun. Er durchlebt noch einmal „seine" Geschichte).
13. Immer auch die eigenen Gefühle zum Ausdruck bringen, wenn es angebracht und notwendig erscheint.
14. Sich von tiefer Traurigkeit und Depression nicht nach unten, ins berühmte „schwarze Loch" ziehen lassen, sondern sich rechtzeitig davon abgrenzen lernen.
15. Für sein eigenes Leben viel lernen: jeden Tag, jede schöne Stunde, jede Stimmung in der Natur bewusster wahrnehmen und bis zum Ende des eigenen Lebens keine „Trauerberge" ansammeln, sondern Abschiednehmen und Loslassen in den Alltag integrieren.

Literaturhinweise

BLIMLINGER Eva, ERTL Angelika, KOCH-STRAUBE Ursula, WAPPELSHAMMER Elisabeth, „Lebensgeschichten – Biographiearbeit mit alten Menschen", Vincentz-Verlag, Hannover, 1996;

BÖHM Erwin, „Alte verstehen", Grundlagen und Praxis der Pflegediagnose, Psychiatrie-Verlag, Bonn, 1996;

FEIL Naomi, „Ausbruch in die Menschenwürde", Einfache Methoden um Menschen mit Altersverwirrtheit/Demenz vom Typus Alzheimer zu helfen, Verlag Altern & Kultur, Wien, 1993;

FREUD Anna und BURLINGHAM Dorothy, „Heimatlose Kinder", Fischer Wissenschaft, Frankfurt a.M., Juli 1982;

FURTMAYR-SCHUH Annelies, „Die Alzheimer Krankheit – Das große Vergessen", Kreuz-Verlag, Zürich, 2000;

GROND Erich, „Die Pflege verwirrter, alter Menschen. Psychisch Alterskranke und ihre Helfer im menschlichen Miteinander", Lambertus-Verlag, Freiburg im Breisgau, 1992;

JURY Mark und Dan, „Gramp – ein Mann altert und stirbt. Die Begegnung einer Familie mit der Wirklichkeit des Todes", Verlag J.H.W. Dietz Nachf., Berlin/Bonn, 1988;

RUHE Hans Georg, „Methoden der Biographiearbeit. Lebensgeschichte und Lebensbilanz in Therapie, Altenhilfe und Erwachsenenbildung, Beltz Edition Sozial, Weinheim und Basel, 1998;

SCHÖPFER Gerald und STESSEL Gerlinde, „Der verwirrte alte Mensch", Schriftenreihe der Arbeitsgemeinschaft für Wirtschafts- und Sozialgeschichte, 2001, Karl-Franzens-Universität, Graz;

SPECHT-TOMANN Monika und TROPPER Doris, „Hilfreiche Gespräche und heilsame Berührungen im Pflegealltag", Springer-Verlag, Heidelberg, 2000;

SPECHT-TOMANN Monika und TROPPER Doris, „Zeit des Abschieds. Sterbe- und Trauerbegleitung", Patmos-Verlag, Düsseldorf, 3. Auflage 2000;

SPECHT-TOMANN Monika und TROPPER Doris, „Zeit zu trauern. Kinder und Erwachsene verstehen und begleiten", Patmos-Verlag, Düsseldorf, 2001;

SPECHT-TOMANN Monika und TROPPER Doris, „Wege aus der Trauer", Kreuz-Verlag, Stuttgart, 2001;

WAIS Mathias, „Biographiearbeit Lebensberatung – Krisen und Entwicklungschancen des Erwachsenen", Urachhaus, Stuttgart, 1999.

Fotonachweis:
Doris und Hans-Georg Tropper, Graz.
Alois Krenn, Graz (Umschlagmotiv).